올레 불교

이보다 쉬울 수 없는 불교 이야기

# 올레 불교

이종군 지음

불교시대사

1% 나눔의 기쁨

현대인은 과학적 지식을 응용하여 온갖 도구와 생활용품을 만들었습니다. 지구촌 문명인의 생활은 눈부시게 편리하고 빨라졌습니다. 이런 현대인에게 얼마나 행복하냐고 물으면 선뜻 답하지 못합니다. 물질의 풍요와 편리가 행복과 비례하지 않는 증거입니다.

요즘 사람들의 관심은 힐링에 있는 듯합니다. 물질적 풍요를 위해 수단 방법을 가리지 않는 치열한 경쟁에서 힐링이 싹텄다고 생각합니다. 힐링이 번지면서 그 해결책으로 동양의 정신문화에 눈을 돌렸습니다. 특히 '젠(Zen)'이라는 이름으로 미국에 알려진 불교의 명상에 주목합니다. 이런 명상을 미국 저명한 의대 교수들이 정신치료에 활용하면서 빠르게 확산됩니다. 오늘날 서양에서 정신치료가 명상을 만나 빠르게 변하고 있습니다. 명상은 '알아차림' 또는 '마인드풀니스(Mindfulness)'라는 이름으로 정신치료에 응용되고 있습니다.

광복 후 조계종은 정화를 거쳐 1964년에 현대사회 적응을 위한 용틀임을 합니다. 통합종단이 출범하여 비로소 하나씩 체계를 세우기 시작합니다.

70년대 대학생 불교연합회에 활동하면서 여름과 겨울 수련회도 몇 차례 참석하였습니다. 필자의 결정적 불교 공부는 졸업 후 직장에서 시작됩니다. 범어사가 설립한 금정중학교에 77년 부임하여 국어와 불교를 가르치게 되었습니다. 불교를 가르치려면 공부하지 않을 수 없었습니다.

부임한 그해 부산 불교 고등학생연합회 안양지부를 지도했습니다. 매주 토요일 안양사에서 오후에 법회를 진행했습니다. 이후 고교생을 15년 지도하는 동안 불교 공부가 한 단계 발전하였습니다. 불교를 더 깊이 공부하기 위해 부산대학교 대학원에 진학하였습니다. 선시를 읽다가 고려 말 나옹 스님의 선시에 관심이 끌렸습니다. 선시를 공부하려면 선사상을 알아야 했기에, 선禪에 관한 서적을 두루 읽으며 지식을 쌓았습니다.

석사과정을 마치고 선시를 더 깊이 연구하고 싶어 박사과정에 들어갔습니다. 나옹 스님의 긴 선시인 삼가三歌에 관한 문학적 연구로 1996년 2월 최종 학위를 취득하였습니다.

학생을 가르치면서 불교를 쉽게 설명하는 필요성을 깨달았습니다. 불교를 보다 재미있게 설명할 수 없을까를 화두로 삼다 쓴 책이 올레 불교입니다.

몇 년 전 제주 올레를 걸으며 자연의 숨결을 그대로 느꼈습니다. '올레'는 제주 토박이말로 "집 앞에서 마을 거리로 나가는 좁은 길"이란 뜻입니다. 제주 출신 언론인 서명숙 씨가 2006년 스페인 산티아고 순례길을 걷는 여행을 했습니다. 고향에 돌아와 서귀

포 시흥초등학교에서 광치기 해변까지 올레 1코스를 개발합니다. 2007년 9월 제주 올레 길의 탄생입니다.

　빨리 빨리에 익숙한 우리들에게 올레는 한가롭게 걷게 하는 길입니다. 느림에 맡겨 자신을 돌아보며 자연과 교감할 수 있는 힐링의 길입니다.

　필자는 곳곳에 불교의 올레가 열리기를 희망합니다. 올레를 걷듯이 누구나 불교의 열린 길에 발을 들여놓기 바랍니다. 40년 넘도록 공부하며 포교한 경험이 주요 내용이며, 사찰의 사보와 회지에 썼던 글도 실었습니다.

　평범한 사람들에겐 불교를 벗어나 인간적 정서가 흐르면 서로 편합니다. 불교를 가장 쉽게 표현하면 인간답게 사는 길입니다. 사람 사이에 따사로운 인정이 흐르면 편안합니다. 인정이란 사람 사이에 은근히 흐르는 전류와 같습니다. 또한 인정은 사람 마음이 서로 이끌리는 잔잔한 파동이 느껴지는 리듬입니다. 서로 따뜻한 마음이 흐를 땐 정감을 느끼며, 정이 흐르면 서로 믿을 수 있습니다.

　『화엄경』에 "믿음은 도의 근원이며, 공덕의 어머니"라고 했습니다. 인정이 넘치는 사회라면 누구나 행복감을 느낄 것이며, 모든 종교는 사람의 행복을 위해 존재합니다. 소박하게 살면서도 행복을 느끼는 사람들이 있습니다. 행복을 느끼려면 감동이 필요합니다. 불교 활동을 하며 마음에 감동을 느낄 때마다 글로 적었습니다. 문장은 서투르지만 소박한 마음을 표현했습니다.

불교를 알면 힐링을 맛볼 수 있습니다. 스스로 마음을 다스리기 때문입니다. 살면서 훈훈한 인정을 만나면 마음이 부드러워집니다. 이런 포근함이 힐링을 맛보는 순간입니다. 포교를 하면서 가장 큰 화두는 흥미·희망·긍정이었습니다. 불교를 알고 싶은 사람에게 어떻게 쉽게 전달할 수 있을까? 흥미와 희망을 느끼게 할까? 이런 생각이 포교 현장의 화두였습니다.

평소 읽은 법문집·불교 서적·불교 언론·일반 신문·TV 방송을 널리 활용하였습니다. 스님들과 서적의 필자·언론사 기자·방송사 PD 여러분들께 많이 배웠습니다.

중·고등학생과 청년회, 불교대학에 강의할 때 쉽게 강의합니다. 우리 생활에 연결된 보기를 들어 설명합니다. 오랜 수행자와 초보자가 이해하는 수준은 차이가 있습니다. 쉽게 설명하면 양쪽 모두 잘 이해합니다. 알아야 공감하고 관심이 생기며, 그래야 실천할 수 있습니다. 불교는 믿고 실천하는 종교입니다. 오래 실천하면 희망과 긍정을 터득할 수 있습니다.

지금까지 저를 일깨워 주신 스님들께 머리 숙여 감사드립니다. 함께 활동한 도반들과 같이 공부한 불자들에게 고마움을 전합니다.

스님들 법문이나 기사문, 참고 내용, 객관적 사실, 경전은 평어체를 따랐습니다. 필자가 체험한 일이나 느낌, 떠오르는 생각은 경어체로 썼습니다. 불교를 모르는 분들도 이 책을 읽으면, 불교가 무엇인지 짐작하리라 믿습니다.

　컴퓨터에 입력한 자료의 초벌 편집은 차남 석한이가 정리하였습니다. 책이 출판되기까지 정성을 다한 불교시대사 대표 이규만 님께 깊은 감사를 표합니다.

　책 내용에 잘못이 있다면, 오로지 필자의 불찰임을 말씀드립니다. 불교계나 관련 분야에 해박하신 분들의 질정은 겸허히 받아들이겠습니다.


2014년 6월

선월禪月 이종군李鍾君

# 차 례

제 1 장

# 감동어린 사람의 향기

# 1. 미국에 부는 명상과 힐링 바람

　불교는 마음을 다스리는 종교입니다. 그러기에 불교와 힐링은 가장 잘 어울리는 만남입니다. 불교 수행이 힐링이라 해도 지나친 말이 아닙니다. 복잡한 생각을 내려놓고 청정한 본 마음을 깨닫는 길이기 때문입니다. 최근의 힐링 분위기에 조계종과 스님들의 관심이 큽니다.

 심리학과 불교의 만남

　요즘 '힐링(healing)'이라는 말이 유행하고 있다. 방송, 신문 등 언

론 뿐 아니라, 힐링에 관한 책도 넘쳐난다. 몇 년 전에는 '웰빙'이란 말이 유행하였다. 이제 웰빙은 힐링 속에 묻혀 버린 느낌이다.

미국 심리학의 아버지로 불리는 학자는 윌리엄 제임스(1842~1910)다. 하버드대학 심리학 교수였던 제임스와, 강의를 듣던 스리랑카 출신 담마팔라(1864~1938) 스님과의 만남이 큰 전환점이 되었다. 일반 학생들과 차림새가 다른 담마팔라 스님을 통하여 제임스 교수는 불교를 이해하게 되었다. 그런 후 제임스 교수는 미국 심리학이 앞으로 불교를 이해해야 한다고 선언하였다.

불교심리학과 서양 정신치료의 운명적 만남은 또 있다. 일본인으로 미국에 선禪을 전한 스즈끼 다이세츠였다. 스즈끼가 1948년에 출간한 『선불교 입문』에 정신분석학자 칼 융이 서문을 쓰게 된 일이다. 1957년에는 스즈끼와 에리히 프롬을 비롯한 저명한 정신분석학자들이 멕시코에서 '선불교와 정신분석'이라는 주제로 워크숍을 개최했다.

1960년대 들어서 아브라함 메슬로를 중심으로 인본주의 심리학자들이 연구 주제로 영성(spirituality)에 주목하였다. 심리학에 종교적인 신비한 경험, 초의식, 비이원적 의식상태, 깨달음, 지혜, 자비 등이 포함되어야 한다고 주장하였다. 이런 학자들이 동서 심리학을 통합하여 심리학의 제4 흐름인 자아초월심리학 등장을 선도했다.

이를 계기로 깨달음, 자비, 무아, 비이원성 등 불교심리학 주제들이 서양심리학의 연구 주제로 채택되었다. 그리하여 심리치료에 명상이 응용되기 시작하였다. 정신치료자들과 연구자들에 의해 명상치료 효과에 대한 논의와 검증으로 확산되었다.

이런 흐름으로 명상치료에 대한 과학적·체계적 연구 방법이 향상되었다. 명상치료의 효과 연구는 달라이라마를 중심으로 뇌과학과 불교 명상의 응용으로 전성기를 맞이하게 된다. 현재 뇌과학은 불교 명상을 만나 심리치료를 넘어 인간 잠재력의 새로운 지평을 열어가고 있다.

## 🪷 뇌도 변한다

달라이라마는 과학자들과의 워크숍에서 "마음이 뇌를 변화시킬 수 있는가?"라는 화두를 던졌다. 이 물음으로 성인의 뇌신경은 고정되어 변화 불가능을 확신하던 서양 심리학에 엄청난 파장을 불러왔다.

1998년 달라이라마는 그의 베스트셀러 『행복의 기술(The Art of Happiness)』을 출판하였다. 그 책에 "뇌는 움직이지 않고 고정된 것이 아니라, 성인이 되어도 항상 변화 가능하다."는 사실을 주장하였다. 이 주장에 주목한 과학자들은 달라이라마의 선언을 토대로 연구하였다. 2004년에 명상수행 효과를 뇌사진(fMRI-뇌기능 자기공명영상) 촬영을 통해 입증한 연구를 발표하였다. 리처드 데이비슨과 뇌과학 연구자들의 연구를 토대로 달라이라마는 뇌의 변화를 확신하였다. 그는 불교 명상을 통해 인간의 뇌는 변화 가능하다는 '뇌의 가소성(neuroplasticity)'을 선언하기에 이른다.

1990년에서 2006년 사이 뇌의 가소성에 대한 연구 논문이 무려 600여 편이나 발표되었다. 명상수행의 효과를 입증하는 뇌과학 연구를 진행하는 미국 대학들이 늘어나고 있다. 하버드, MIT, 스탠퍼드, UCLA 등 세계적 명성의 대학 연구진들이 잇따라 명상 효과를 발표하고 있다. 마침내 2009년 5월 하버드 의대에 설치된 명상과 심리치료 연구원은 '연민과 지혜의 배양'이라는 주제로 명상과 심리치료 컨퍼런스를 열었다.

이 행사에 달라이라마는 2일간 패널로 참가했다. 불교 명상과 정신치료에 관심 있는 전문가들이 대거 참석하였다. 리처드 데이비슨을 비롯한 뇌과학 연구자들도 발표와 토론에 참여하였다. 컨퍼런스에 참여한 전문가들만 1,200여 명이 넘었다. 첫날 개회식에선 미래의 심리치료에 대한 중요한 선언이 있었다. 앞으로 서양의 심리치료는 불교 명상과 심리치료가 통합된 명상심리치료로 바뀌게 될 것이라고 선언하였다. 이러한 선언은 갈수록 현실화하고 있다.

바로 2013년 스위스 다보스 세계 경제 정상 회담에서 나타났다. 초청된 연사는 금융가나 투자 전문가가 아니었다. 달라이라마의 최측근 마티유리 카르와 마이애미주립대학에서 알아차림 연구와 명상 신경과학 책임자 아미쉬 자 교수가 초청되었다. 알아차림 명상프로그램을 발표하는 연사들이 다보스 포럼에서 가장 인기가 높았다고 전한다.

심지어 군대에서도 알아차림 훈련을 통해 스트레스를 줄이고 있다고 한다. 미국에선 구글(Google)이나 타겟(Target), 애트나(Aetna)와 같은 기업에서도 알아차림 훈련을 받고 있다고 전한다. 미국 전체 경영자의 4분의 1이 알아차림 훈련 프로그램을 활용한다는 보도다.

알아차림은 과도한 업무와 책임으로 시달리는 리더들에게 평온한 마음을 지속시켜 준다. 아울러 건강한 심신을 유지하는 데 도움을 준다. 이것은 건강관리 비용이 현저히 낮아지게 하는 효과가 있다. 건강관리 비용 감소에도 알아차림 명상은 직접적인 영향을 준다는 것이다.

이처럼 미국을 비롯한 선진국에도 불교 명상을 활용한 힐링이 상당히 주목 받고 있다.

통계에 의하면, 미국에서 심리치료와 관련된 논문 가운데 40% 이상이 마인드풀니스(Mindfulness;알아차림)를 주제로 한 연구라 한다. 마음에 대한 연구가 활발히 진행된 결과라 할 수 있다. 이러한 연구 결과 마인드풀니스는 심리치료에 탁월한 효과가 있다는 사실이 확인되었다.


그렇다면 최근 여러 나라에서 불고 있는 힐링 열풍의 배경은 무엇일까요? 이는 현대사회가 지나치게 물질적 욕망을 추구한 데 대한 반성에서 비롯됐다고 보입니다. 게다가 미국에서 발생한 금융위기가 세계로 파급되어 생활에 어려움이 밀려 왔습니다. 신자본

주의는 무한경쟁·무한성장·편리함을 집요하게 요구합니다. 이런 흐름에는 분명 한계가 있을 수밖에 없습니다.

이런 욕구는 모두 충족이 불가능합니다. 서구를 중심으로 이에 따른 반성이 시작된 것입니다. 동시에 정신적 갈증을 풀 수 있는 방법을 찾았습니다. 그러다가 동양 종교, 특히 불교의 명상에 관심을 갖기 시작했습니다.

우리나라는 다른 나라에 비해 빠른 경제성장을 이룩했습니다. 물질은 풍요해졌지만 정신은 미처 따르지 못하는 실정입니다. 자본주의 오염지수로 스트레스·우울증·자살지수를 듭니다.

한국의 오염지수가 OECD 회원국 가운데 가장 높은 것도 정신적 문제입니다. 급성장과 빠른 변화가 불러온 병폐라 할 수 있습니다. 힐링 열풍은 이런 사회적 모순에 대한 반성에서 싹텄다 할 수 있습니다.

명상은 생활에서 깨어있는 마음 상태를 유지하는 훈련을 되풀이합니다. 그러면 현실에서 부딪치는 고통을 회피하지 않고, 있는 그대로 보게 됩니다. 물론 처음엔 쉽지 않습니다. 훈련을 계속하면 마음에 내공이 쌓이고, 나중엔 있는 그대로 바라보게 됩니다. 현실 그대로 보면 고통을 느끼는 정도가 줄어들고, 스트레스도 점점 감소합니다. 이런 변화가 불교 명상의 매력입니다.

우리나라 힐링 열풍은 대중들과 쌍방으로 소통하는 몇몇 스님들이 길을 열었습니다. 법륜, 혜민, 정목, 마가 스님들이 힐링멘토로 앞장서고 있습니다. 이들 스님들이 쓴 힐링서적은 출판 시장을 흔들고 있습니다. 스님들이 나오는 힐링콘서트에 수많은 인파가 몰리고 있습니다. 이 스님들은 자주 사람들과 다양한 소통을 합니다. 아울러 자기 수행을 철저히 실천합니다. 그런 스님들의 대화는 청중의 열띤 공감을 얻었습니다. 스님들과 대화를 나누며 아픈 마음에 위로를 받은 사람들은 뜨거운 환호를 보냅니다. 이런 체험과 수행이 바탕이 되어 힐링멘토로 자리매김한 것입니다.

힐링 스님들의 대중적 인기는 자연스레 불교의 대중성으로 이어집니다. 이 시대의 아픔을 보듬고 함께 나누는 종교인의 자세는 참으로 긍정적입니다. 원래부터 불교는 마음을 다스리는 힐링의 종교입니다. 스스로의 마음을 다스려 행복하게 살라는 가르침입니다. 요즘 말로 표현하면, 부처님은 이 세상 최고의 힐링멘토였습니다.

팍팍한 생활에 부대끼는 사람들이 힐링으로 마음이 한결 편하기를 기대합니다. 모든 사람들이 행복하길 바랍니다. 명상을 통하여 여유와 평온을 누리기를 희망합니다.

# 2. 눈물겨운 12월의 감동 편지

　회사에서 퇴근하려고 하는데 전화가 왔다. 동네 우체국 직원이었
는데, 내 딸아이가 우체통에 주소도 안 쓴 장난편지를 100통이나
넣는 바람에, 연말 업무에 지장이 많다는 것이다. 서둘러 집으로
간 나는 딸아이를 불러 놓고, 다시는 들지 않으려던 매를 들었다.
딸아이는 이번에도 잘못했다는 소리만 했다. 나는 딸아이를 한쪽
구석에 밀쳐놓고, 우체국에 가서 편지 뭉치를 받아왔다. 그 뭉치를
딸아이 앞에 던지며, 도대체 왜 이런 장난을 쳤느냐고 소리쳤다.
　그러자 딸아이는 울먹이는 소리로 대답했다.

"엄마에게 편지를 보낸 거예요."

나는 그 순간 울컥하며 눈시울이 빨개지는 것을 느꼈다. 하지만 딸아이가 바로 옆에 있는 터라, 나는 딸아이에게 티내지 않고 다시 물었다.

"그럼 왜 이렇게 많은 편지를 한꺼번에 보냈냐?"

그러자 딸아이는 우체통의 구멍이 높아서 키가 닿지 않았는데, 요즘 다시 서 보니 우체통 입구에 손이 닿기에, 여태까지 써왔던 편지를 한꺼번에 넣은 것이라고 했다. 난 딸아이에게 무슨 말을 해야 할지 막막했다. 잠시 후 나는 이렇게 말했다.

"엄마는 하늘에 계시니까, 다음부터는 편지를 태워서 하늘로 올려 보내라."

딸아이가 잠든 후 나는 밖으로 나와 그 편지를 태우기 시작했다. 딸아이가 돌아간 엄마에게 무슨 얘기를 하고 싶었을까? 궁금한 마음에 편지 몇 통을 읽었다. 그 편지 중의 하나가 내 마음을 또 뒤흔든다.


보고 싶은 엄마에게

오늘 학교에서 재롱잔치를 했어,
근데 난 엄마가 없어서 가지 않았어.
아빠가 엄마 생각날까봐 아빠한테는 얘기 안했어.
아빠가 날 찾으려고 막 돌아다녔는데,

난 일부러 아빠 보는 앞에서 재미있게 놀았어.

아빠가 야단쳤지만 난 얘기 안했어

엄마, 난 아빠가 매일 엄마 생각나서 우는 거 본다.

아빠도 나만큼 엄마가 보고 싶은가 봐.

근데 나 요즘 엄마 얼굴이 잘 생각 안나

내 꿈에 한번만 엄마 얼굴 보여 줘, 응?

보고 싶은 사람의 사진을 손에 쥐고 자면,

그 사람이 꿈에 나타난대.

그래서 나 매일 엄마 사진 안고 자

그런데 왜 엄마 안 나타나, 응?


그 편지를 읽고 나는 또 엉엉 울었다. 도대체 아내의 빈자리는 언제 채워질 것인가!


이 글은 어린이에게 엄마 사랑이 무엇인지 일깨우는 감동입니다. 가족이 얼마나 소중한지 생각하게 합니다. 인터넷에 어느 집배원이 올린 글인데 가슴에 긴 여운이 흐릅니다.


동심은 꾸밈이 없다고 합니다. 초등학교에 다니는 딸아이에겐 하늘로 떠난 엄마가 얼마나 보고 싶었을까? 우체통 편지 넣는 구멍에 손이 미치지 않는 아이는, 또 얼마나 답답했을까? 엄마가 보고 싶어 100통이나 써서 부치지 못하고 모은 편지, 엄마가 없어서 재롱잔치에 빠진 딸아이, 엄마 생각 날까봐 아빠에겐 재롱잔치를 알리지 않은 딸아이.

어린 아이들에게 엄마의 존재는 절대적입니다. 세상의 모든 아이들이 엄마의 따사로운 품속에서 밝게 자라기를 바라는 마음 간절합니다. 천진한 동심에 아픔을 안기는 이런 가정이 없기를 기원합니다.

우리들에게 어머니 손길로 사랑을 베푸는 분이 관세음보살입니다. 관세음보살의 자비는 엄마의 사랑보다 훨씬 깊고도 넓습니다. 부모가 자식을 사랑하는 마음보다 더 무한한 자비로, 모든 생명체를 사랑하기 때문입니다. 불교가 처음 싹튼 인도 사람들만 사랑하는 것이 아닙니다. 온 세상 모든 사람들을 자식처럼 사랑하는 자비를 실천하는 보살입니다.

사람만이 아닙니다. 땅에 사는 동물, 물에 사는 물고기, 하늘을 나는 새들과 곤충들, 이런 모든 생명을 자식처럼, 자비로 도우려는 보살입니다. 누구든지 관세음보살 이름을 부르면 언제 어디든지 도움의 손길을 내미는 분입니다. 관세음보살을 부르지 못하는 동물에게도 조건 없이 사랑을 베풉니다.

시작도 없는 과거에서 영원한 미래까지, 사랑의 손길을 멈추지 않습니다. 그러기에 관세음보살 모습은 어머니처럼 여성다운 모습으로 조성합니다. 중생의 어머니 같은 존재가 바로 관세음보살입니다. 예부터 관세음보살은 바다 가운데 모습을 드러낸 보타락가산에 늘 계신다고 알려져 있습니다.

# 3. 사랑이 이룩한 인도 산치대탑

무지개는 아름답습니다. 사랑의 무지개는 가슴을 설레게 합니다. 사랑은 때론 기적 같은 일을 이루기도 합니다. 인도의 산치대탑에 사랑의 애절한 사연이 전해옵니다.

기원전 4세기 말쯤 마가다 왕국의 무사 출신인 찬드라굽타는 마우리아 왕조를 창건했다. 이 왕조의 제2대 왕이 빈두사라왕이다. 왕은 여러 명의 왕후를 거느려 무려 101명의 자식을 두었다. 그중 아소카 왕자는 가장 총명하고 야심도 컸다. 부왕의 권위에 위협이 될 만큼 강력한 왕자를 왕은 탐탁해하지 않았다.

빈두사라왕은 아소카에게 반란군 진압의 사령관으로 임명하였다. 군대가 보유한 무기를 사용하지 말고 진압하라는 명령이었다. 전장에서 패하기를 바라는 내심의 명령이었다.

그러나 아소카는 이 불가능한 진압 임무를 보란 듯이 완수하고 왕궁으로 개선한다. 왕자가 궁으로 돌아온 후에 부왕은 세상을 떠나고 말았다. 왕의 자리는 비어 있었다.

그때부터 왕실에는 형제자매 간에 피를 흘리는 투쟁이 벌어졌다. 군권을 잡은 아소카는 형제인 왕자와 공주 99명을 무자비하게 처단하였다. 권력의 비정함이 몸서리쳐지는 비극이었다. 그런 피비린내 속에서 유복자인 막내 동생 단 한 명만 살아남았다. 그 동생은 아소카의 칼을 피해 출가하여 스님이 되었다.

그리하여 아소카는 마우리아 왕조 제3대 왕위에 올랐다. 아소카 왕(기원전 약 269~232)은 주변국의 정복전쟁으로 전투 속에 세월을 보냈다. 아소카는 많은 점령지를 차지했지만, 전쟁의 피비린내 나는 참상을 괴로워하게 되었다. 그는 정복지에서 죽어 널브러진 시체를 보고 이렇게 중얼거렸다.

이런 것이 승리인가? 이것이 정의인가, 불의인가? 무고한 아이들과 아녀자를 죽이는 것이 용기인가? 전쟁은 나라를 넓히기 위한 것인가? 다른 왕국을 멸망시키는 것인가? 남편 잃은 여인, 부모 잃은 자식, 아이 잃은 부모, 이것은 승리의 징표인가, 패배의 징표인가? 시체에 몰려드는 독수리는 죽음과 악의 사자들이 아닌가?

왕위에 오르고 8년 되는 해 치른 칼링가 전투에서 승리 후의 회의였다. 전쟁 승리로 인도를 통일한 제국의 왕이 되었지만 마음은 무거웠다. 전쟁의 참상을 통감하고 후회하는 마음이 가슴을 아프게 했다.

그 후 아소카왕은 평화를 숭상하는 불교를 신봉하게 되었다. 나아가 불교를 국교로 삼고 싶었다. 합리적·보편적 가르침인 불교 정신으로 새로운 정치 이상을 실현하려 애썼다. 아울러 국민에게 불교의 실천을 권장했다. 불교 정신에 바탕을 둔 조칙문을 발표하여 국민을 계몽하였다.

아소카왕이 승리한 인도 각지에 세운 돌기둥에 불교의 가르침이 새겨져 있다. 그중 한 곳인 룸비니에는 '석가족의 성자 여기서 탄생하셨다.'라고 새겼다. 이 석주에 새긴 문장으로, 룸비니가 오랜 세월이 흐른 후에 부처님 탄생지로 확정되었다.

불교에 귀의한 아소카왕은 전쟁을 참회하듯, 인도 전역에 불교를 전파하였다. 길가 바위에 '생명을 죽이지 말라'라는 가르침을 새겼다. 큰 길가에 가로수를 심어 여행객이 쉬게 하고, 우물을 파서 물을 마시게 했다. 감옥에 갇힌 죄수들을 사면하여, 그의 통치 중 감옥이 텅 비었다고 전한다.

부처님 열반 후 사리를 모신 탑이 인도에 여덟 개가 있었다. 그중 8번 탑을 해체하여 인도 전역에 수많은 사리탑을 세웠다. 산치 대탑도 그 가운데 하나에 속한다.

오늘날 많은 관광객이 순례하는 산치대탑에는 애절한 사랑 이야기가 서려 있다.

젊은 왕자 시절 아소카는 비데샤 지방에 살던 데비라는 아가씨를 사랑하게 되었다. 두 연인 사이에는 아들과 딸이 차례로 태어났다. 그럴 무렵 아소카는 전장으로 떠나며, 사랑하는 데비와 헤어지게 되었다. 전장에서 여러 해 세월이 흘러 드디어 아소카는 왕위에 올랐다. 왕이 된 후에도 7~8년의 전쟁이 계속되었다. 20년 가까운 세월이 흘렀고, 아소카는 젊은 시절의 사랑을 까맣게 잊고 있었다.

그런 어느 날 아소카가 데비에게 전해 준 신표를 들고 청년이 된 아들이 찾아왔다. 옛 연인을 떠올린 아소카는 비데샤로 달려갔지만, 데비는 이미 숨을 거두었다.

'부처님 곁에 묻히고 싶다'는 데비의 마지막 소원을 들었다. 왕은 그녀의 고향 비데샤 가까운 언덕 위에 진신사리를 모신 큰 탑을 조성하였다. 오랜만에 만난 남매는 희망대로 출가를 허락하였다. 아소카왕은 출가한 아들·딸에게 이웃나라에 불교를 전파하는 중요 임무를 부여하였다. 바로 스리랑카에 불교를 전한 마힌다 스님과 보리수를 전한 비구니 상가미타 스님이다.

산치대탑에는 '사랑의 탑'이란 별명이 붙었다. 이 탑이 인도에서 가장 아름다운 탑으로 손꼽히는 이유도 이런 애틋한 사랑의 전설 때문일 것이다.

그레이트 스투파(대탑)로 불리는 1번 큰 탑이 아소카왕이 데비를 위하여 세운 진신사리탑이다. 후대에 확장하여 현재 높이 16m, 직경 37m에 달하는 규모의 대탑이 되었다. 발우를 뒤집어 놓은 모양의 둥근 탑이 중심이다. 그 주변에 난간을 두르고 네 개의 석조 기둥 관문을 세웠다. 석조 관문에는 석가모니 부처님의 전생과 생애가 아름답고 섬세한 부조로 조각돼 있다. 탑들 사이에 남아 있는 승원이나 법당의 흔적은 대부분 집터와 벽, 기둥뿐이다.

이로 보아 이곳에 대규모의 사원이 있었음은 분명해 보인다. 산치대탑 뒤쪽에 부러진 아소카왕의 돌기둥이 남아 있어, 이곳이 중요한 불교 성지였음을 말해 준다.

한때 사랑했던 사람과 헤어져 기약 없는 기다림 속에 생을 마감했던 여인 데비. 그녀의 마지막 소원은 아소카와의 재회가 아니었다. 데비의 마지막 소원은 부처님 곁에 묻히는 것이었다. 부처님의 가르침이 이어준 아소카의 사랑은 수천 년이 지나도록 그녀 곁에 머물고 있다. 그리고 그녀의 아들·딸은 부처님의 가르침을 바다 건너 전파하는 전법의 횃불이 되었다. 산치대탑에는 부처님 가르침의 위대함이 생생히 살아있다. 그리고 사랑의 애절함이 무지개처럼 어려, 수많은 순례객들의 발길을 오늘도 끌어당기고 있다.

사랑의 힘으로 수천 년을 이어온 산치대탑의 침묵!

우리들 가슴에 감동의 물결을 일으킵니다. 인도에 성지 순례하는 한국 불자들은 산치대탑을 참배합니다. 세계 여러 나라 여행객들도 이 탑을 관광하며 감동합니다. 비운의 여인 데비는 사랑하는 사람이 왕이 되고 나서는 만나지 못합니다.

그러나 데비의 애절한 사랑은 아소카왕의 심금을 울렸습니다. 부처님을 믿었던 한 여인의 애원으로 후세 우리들은 웅장한 산치대탑을 순례합니다. 데비와 아소카왕이 부처님 위신력으로 극락에서 만나기를 기원합니다.

# 4. 우울증 없는 네팔과 티베트인의 삶

히말라야 산맥의 캉첸중가는 해발 8,586m의 세계적으로 세 번째 높은 산입니다. 그 산악 지역에 시킴이라는 지역이 있습니다. 네팔과 인도 사이의 고산 지역에 해당됩니다. 이 지역은 렙차족 보호지역으로 지정되어 있습니다. 이곳에 위치한 탕봉 마을은 산에 의지한 마을입니다. 산비탈에 만든 좁고 긴 다랑이 논과 밭에 농사를 지으며 살아갑니다.

산에서 풀을 베어 소, 돼지, 야크, 오리, 닭 등의 가축을 기르며 살아갑니다. 여기저기 산비탈에 앉은 작은 마을, 아이들이 우리의 굴렁쇠와 같은 바퀴를 굴리며 놉니다. 나무 절구질하는 모습과 찧은 곡식을 키질하는 모습이 옛날 우리 농촌 생활과 비슷합니다. 개구쟁이 아이들이 맨손으로 야구 놀이를 하며 즐거워합니다. 아낙네들이 물통에 손으로 소젖을 짜는 모습은 소박한 산골 마을의 삶 그대로입니다.

렙차족이 거주하는 룸텍 마을의 사람들은 기자들의 질문에 이렇게 대답합니다.

"자연은 우리의 어머니와도 같습니다. 우리가 이렇게 살아가는 것은 신의 축복입니다. 행복과 불행은 동전의 앞뒤와 같습니다."

따시딩 사원에서 절하는 방식도 우리가 절하는 모습과 비슷해 보입니다.

이 고산 지역에서 문명의 혜택을 모르고 사는 원주민들은, 그들 나름의 행복을 느끼며 살아갑니다. 우리가 눈여겨보아야 할 점을 발견합니다. 자연의 은혜를 깊이 느끼며 어울려 살아가는 소박한 그들의 모습입니다. 원주민 얼굴에 어두운 그림자는 전혀 없습니다. 느리게 자연의 순리대로 사는 모습입니다. 편리함에 익숙한 내 마음에 감동으로 다가왔습니다.

## 티베트 사람들

멀리 히말라야 설산이 보이는 고산 지역에서 살아가는 티베트 국민들이 있습니다. 자연을 소중하게 여기며, 소박한 삶을 이어가는 사람들입니다. 대자연과 어울려 살아가면서 굳이 행복을 얻기 위하여, 남과 경쟁하며 애쓰지 않는 삶을 이어갑니다.

이들의 살아가는 모습을 보면, 문명세계의 우리를 부끄럽게 합니다. 더 빨리, 더 높이, 더 많이 누리려는 경쟁적인 삶의 모습과 커다란 차이를 보입니다.

그들은 조급하지 않게 꼬부라진 길을 돌아서 쉬엄쉬엄 걷습니다. 대자연을 호흡하고 감사와 경건한 삶을 이어갑니다. 일상에서 시간적 여유가 생기면 절에 가서 경건한 마음으로 기도합니다. 그런 모습에서 오히려 우리들보다 여유와 평온과 행복이 보입니다.

산 속에서 자연과 더불어 사는 그들에겐 산만하거나 들뜬 마음을 찾을 수 없습니다. 그들의 모습에서 인생을 단순하고 조용한 마음으로 사는 길을 보았습니다. 지구촌에 이런 삶의 모습도 존재한다는 사실이 반갑습니다.

　이런 삶이기에 그들에게는 우울증과 자살이 가까이 할 틈이 없어 보입니다. 오히려 주어진 자신의 생활을 감사히 여기며, 이웃과 더불어 살아가는 인간미가 느껴집니다. 편리함에 익숙한 우리들이 한 번쯤 되돌아보아야 할 삶이 아닌가 합니다. 화면이 끝난 후에도 가을 하늘처럼 해맑은 여운이 눈에 아른거립니다. 자연과 어울려 사는 소박한 사람들의 눈망울처럼!

# 5. 가난해도 행복한 나라 부탄

  지구에 사는 모든 인류는 과거부터 행복을 누리는 이상향을 동경해왔다. 영국 소설가 제임스 힐튼은 샹그릴라를 이상향으로 그렸다. 영국 철학자 토머스 모어가 묘사한 유토피아도 이상향의 동경이었다.

  중국 도연명은 무릉도원을 노래하였고, 우리의 홍길동은 이상향 율도국 건설을 꿈꾸었다. 홍길동의 꿈은 건축에서 설계도만 그렸지 착공조차 하지 못한 모양새다.

해발 8,000m 내외의 히말라야 산맥이 에워싼 산속에 위치한 작은 나라가 부탄이다. 부탄의 북쪽은 중국과 국경을 접하고 있다. 나머지 삼면은 인도와 국경으로 이어진 오지의 불교 왕국이다.

2008년 부탄의 5대 국왕 지그메 케사르 남걀왕축이 왕위에 올랐다. 그는 스스로 절대왕정을 포기하고 입헌군주제로 부탄의 정치체제를 바꾸었다. 그럼에도 여전히 국왕이 국가를 대표하는 왕정을 유지하고 있다. 외국과 일절 교류가 없다가, 1974년 처음 외국인에게 문호를 개방하였다. 오늘날에도 부탄은 1년에 입국시키는 여행객을 10,000명 이내로 제한하고 있다. 그래서 외국 여행객들은 아직도 은둔의 땅으로 여기고 있다.

헌법에 국토의 60% 이상을 산림으로 유지한다고 명시하였다. 또한 세계 유일 금연국가로, 2004년부터 담배의 제조와 판매를 법으로 금하고 있다. 이런 정책으로 깨끗한 자연과 불교에 뿌리를 둔 고유한 전통문화를 고스란히 보존하고 있다.

해발 7,000m가 넘는 히말라야 산봉우리 8개가 부탄 국토에 위치한다. 만년설로 덮인 준봉들이 부탄을 에워싸고 있는 형국이다. 이런 산악국가이기에 부탄은 1962년에야 외부와 연결되는 산악도로를 개통하였다. 부탄은 오늘날 오지 여행객들이 지구의 마지막 이상향으로 여기는 지역이 되었다. 또한 티베트 불교 전통을 온전히 지켜가는 불교 왕국으로 남아 있다.

이런 부탄의 2010년 현재 국가 행복지수는 놀라움을 안겨준다. 부탄의 총 인구는 68만 명, 농경지는 국토의 7.8% 뿐이다. 1인당 국민 소득은 2,000달러 미만, 산림 보존 비율이 국토의 72.5%나 된다. 전 국민 무상교육·무상의료 혜택을 누린다.

무엇보다 전 국민의 97%가 "나는 행복하다."고 대답하는 나라가 부탄 왕국이다. 사람의 행복이 물질의 풍요에 비례하지 않는 생생한 모델이다. 부탄 왕국의 국가 지표는 작은 나라로 가난한 국가로 평가된다. 그런데도 UN을 비롯하여 미국·영국·프랑스·독일 등 선진국들이 부탄을 주목하고 있다.

국가를 비교할 때, 부를 측정하는 국내총생산(GDP)이나 1인당 국민소득(GNI)을 사용한다. 국민들 행복 수준을 측정하는 국민 총행복(Gross National Happiness)지수(GNH)가 최근에 주목받고 있다. 영국 런던정경대의 1998년 세계 행복지수 조사에서 방글라데시가 1위로 나타났다.

이런 국민행복지수 출발지는 단연 부탄 왕국이다. 부탄은 1976년 전 세계에 GNH 개념을 처음으로 발표하였다. 그때 "국가의 부유함보다 국민의 행복이 더 중요하다."고 발표하였다.

이 발표에 선진국들은 코웃음을 쳤다. 가난한 나라의 뜬구름 같은 이상으로 깎아내렸다. 이후 40여 년간 부탄은 성장보다 공평한 사회·경제 발전·자연보호 등에 힘썼다. 유형·무형 문화의 보호, 좋은 정치를 국정 운영의 기조로 GNH 증진 정책을 펼쳤다. GNH 조사 결과를 토대로 정책을 수립하고 국정에 반영했다. 국민 80%에 달했던 문맹률이 1980년 교육제도 개혁으로 40%로 낮아졌다. 평균 수명도 43세에서 66세로 크게 증가했다.

　TV 시청과 인터넷은 1999년에 처음으로 허용하였고, 휴대전화는 2003년에 처음 사용되었다. 부탄 국민은 누구나 공식 행사와 공공기관에 출입할 때는 전통복장을 입어야 한다. 새로 짓는 건물은 전통 양식에 맞게 지어야 하는 규정도 있다.

　이런 국가정책에 대해 국민들의 불만은 없을까? 부탄의 국민총행복(GNH)센터의 삼듀 체트리 소장은 "당연히 있다."고 말한다.

　대다수의 사회 지도층 인사들은 G N H에 따른 사회상을 추구한다. 그러나 부탄의 젊은이들은 그렇지 않다. 다양한 매체를 통해 접하는 서구 사회에 대한 동경이 날로 높아지고 있다. 최신 핸드폰과 서구식 옷차림, 피자·햄버거·탄산음료 등 외국 것이라면 뭐든 좋은 것으로 여긴다.

　하지만 그들은 아직 서구식 삶을 경험해 보지 못했다. 그런 삶에 따르는 부작용을 알지 못한다. 서구식 삶은 불교 국가인 부탄의 가치와도 부합되지 않는다. 불교적 삶은 겉으로 드러나는 모습보다 내면의 평화와 만족을 더 중시하기 때문이다.

　하지만 이런 사회의 변화, 특히 젊은 층의 서구화를 무작정 막을 수만 없는 것이 오늘날 부탄의 고민이다. 그래서 체트리 소장은, 젊은 층을 대상으로 불교적 삶과 GNH의 가치를 가르치는 교육프로그램과 시설의 설치가 시급하다고 말한다. GNH 센터는 파로·팀푸·붐탕 등 부탄의 20개 주에 하나 이상의 교육기관을 세울 계획이라고 밝혔다.

부탄연구센터(소장 까르마 우라)가 5월 23일, 2010년도에 조사한 GNH를 발표하였다.

부탄 왕국의 GNH는 전반적 국가 정책을 결정하는 기준인 동시에 궁극적 목적이라 한다. 이날 발표한 자료는 2010년 조사 결과다. 부탄 국민의 1.2%에 해당하는 8,000여 명을 대상으로 조사하였다. 9개 영역에 걸쳐 33개의 지표를 기준으로 무려 249개 항의 주·객관식 설문으로 조사를 실시했다고 발표하였다.

부탄 국가의 핵심을 이루는 GNH 개념은 1972년에 태동하였다. 그해 16살의 나이로 부탄의 4대 국왕에 즉위한 지그메 싱게 왕축의 생각이 발단이었다. 외신 기자들이 왕에게 부탄의 국민소득을 묻자, "GDP보다 국민의 행복 GNH가 더 중요하다."고 대답하였다.

국민의 행복이 중요하다는 국왕의 발상에서 GNH가 탄생한 것이다. 이렇게 탄생한 GNH는 그 후 40여 년 동안 지속적으로 보완되고 체계를 갖추었다. 1999년 부탄연구센터가 설립된 이후, GNH 개념과 방법을 구체적으로 실현하기 위한 다양한 연구가 집중되었다.

부탄연구센터 상게 틴레이 연구원은 이렇게 말했다.

우리는 단순한 수치에 집중하지 않는다. "당신은 행복한가?"라는 단순한 질문을 통해 GNH가 결정된다고 생각하면 큰 오산이다.

각국 국민들은 거주 지역·교육 수준·수입 규모·직업 종류 등이 나라에 따라 다르다. GNH는 부탄의 사회·문화·경제 구조 등 다양한 조건을 반영할 수 있는 기준이다.

그리고 세부 조항들을 통해 조사하고 과학적인 분석을 통해 도출된다. UN을 비롯한 선진국들이 GNH에 관심을 갖는 이유도 여기에 있다.

이 연구원은 이렇게 덧붙였다.

GNH를 부탄 뿐 아니라, 세계 여러 나라에서도 적용할 수 있도록 좀더 체계적인 연구 조사가 진행되고 있다. 그 결과는 다가오는 2014년에 UN에 정식 발표할 계획이다.

히말라야 깊은 산속 작은 나라에서 시작한 GNH 정신이 세계 각국으로 확산되었으면 하는 바람입니다. 행복은 물질의 풍요에만 있지 않다는 불교 가르침이 부탄 왕국에서 증명되고 있습니다. 인간이 살아가는 데는 물질도 반드시 필요합니다. 그러나 그보다 인간의 생명과 존엄성이 더 중시되어야 마땅합니다.

현대의 지나친 이익 추구의 탐욕이 불러온 결과가 오늘날 세계 경제위기라 합니다. 부탄에서 시작된 GNH는 세계인들이 마음속에 새겨 볼 행복에 대한 참신한 안목이라 생각합니다.

# 제 2 장

# 금정산이 품은 범어사

# 1. 부처님 오신 날 범어사 청경

범어사 일주문

봄이 무르익는 5월이 되면 온 산야는 진한 초록으로 옷을 갈아 입습니다. 푸르고 싱그러운 5월에는 어린이 날, 어버이 날, 스승의 날이 들어 있습니다. 올해 부처님 오신 날도 5월에 해당됩니다. 초파일을 한 달 정도 앞두고 절 부근의 거리에는 연등을 달아 놓습니다.

금정중학교는 1906년에 범어사에서 설립한 불교 종립학교입니다. 일제에 항거하던 스님들이 민족을 위한 인재 양성을 절감했습니다. 우선 범어사 침계료에서 청소년들을 가르쳤습니다. 그러다

해방 후 지금의 남산동으로 교사校舍를 옮겼습니다.

학교 교문 진입로 양쪽에 색색의 봉축 연등을 달았습니다. 부처님 오신 날 범어사 봉축 법요식은 오후 2시에 봉행합니다. 날씨는 쾌청하고 5월의 훈풍이 살랑살랑 불고 햇살이 포근한 날입니다. 학교에서 범어사의 요청으로 법요식에 200여 명의 학생이 참석합니다. 법요식에서 합창단과 함께 찬불가를 부르며 행사를 견학하는 좋은 기회입니다.

범어사 매표소부터 사람들이 줄을 이루어 도로를 메우고 계속 올라옵니다. 남녀노소 올라오는 사람들 표정이 밝아 보입니다. 절 경내에 설치 된 앰프에서 경전을 독송하는 방송이 흐릅니다. 사람이 붐벼도 주위에 우거진 숲속을 흐르는 공기가 상쾌합니다. 일주문 가는 길 왼쪽 등나무 군락지에는 연한 쪽빛 등꽃이 늘어져 바람에 한들거립니다. 길 양쪽에 매달린 연등과 멋진 대조를 이루어 아름답습니다.

일주문 앞에서 모두들 합장으로 머리를 숙입니다. 사람들에 어울려 나도 불이문으로 향합니다. 불이문에서 합장 인사하고 계단을 올랐습니다.

계단 위 보제루 뒤편에서 옛날 종루 앞까지 연등 접수를 받습니다. 돌아가신 부모님의 영가등과 가족등을 접수하였습니다. 등 접수표를 보제루에서 연등 달기 봉사하는 학생에게 주면 등을 달아 줍니다.

범어사 대웅전 앞에는 색깔 별로 등을 가지런히 달아 놓았습니다. 등 밑을 걸으면 하늘이 잘 보이지 않습니다. 저마다 가족들 이름을 적은 수많은 등표가 바람에 한들거립니다. 팔각등을 장식한 종이깃발이 마치 가오리연 꼬리처럼 팔랑거립니다. 아무 때나 볼 수 없는 장관입니다. 5월의 햇살도 신나는지 한껏 뽐내며 비칩니다. 가족 등 옆에서 사진을 찍는 사람, 이야기하는 사람, 오가는 사람으로 절 마당은 축제장입니다.

대웅전 부처님 앞에는 과일과 떡, 꽃바구니와 쌀 봉지가 쌓여 있습니다. 부처님 오신 날 대웅전은 부처님을 공양하는 신도들 정성이 넘칩니다. 사람마다 지극한 마음으로 기원합니다.

대웅전 앞에 설치한 단상에는 스님들과 내빈들의 의자가 놓였습니다. 대웅전 정면에는 관불할 아기 부처님이 꽃으로 둘러싸여 서 있습니다. 진행하는 스님이 식장을 정리하는 방송을 합니다.

오후 1시 30분쯤에 초청 받은 내빈들이 한 분씩 자리에 앉습니다. 1시 50분. 범어사 조실 스님, 주지 성오 스님과 중진 스님들이 입장합니다. 이어 부산시장과 범어사 신도회장, 여러 내빈들이 단상에 자리 잡았습니다. 대웅전 정면 절 마당에 금정중학교 학생 200여 명이 줄지어 섰습니다.

2시 정각. 삼귀의를 시작으로 봉축 법요식이 시작됩니다. 악대 반주에 맞춰 합창단과 학생·신도들이 다함께 삼귀의를 제창합니다. 연이어 『반야심경』을 모두가 봉송합니다. 남북통일과 국가 번영을 위한 발원문을 스님이 낭독하였습니다. 단상의 내빈들은 모두 자리에 앉았습니다.

사회자가 헌화와 헌향할 분들을 호명합니다. 조실 스님·주지 스님·무비 스님·선원장 인각 스님이 꽃을 올리고 분향 후에 관불을 합니다. 관불은 아기 부처님 머리에 대나무 쪽자로 물을 부어 목욕을 시키는 의식입니다. 범어사 신도회장, 부산시장, 국회의원과 내빈들이 헌화와 분향을 합니다. 이어서 아기 부처 머리에 물을 부어 관불을 합니다. 헌화와 관불이 진행되는 동안 악대는 잔잔한 배경 음악을 흘립니다.

다음 범어사 주지 성오 스님의 봉행사가 있었습니다. 인류의 스승인 부처님 오신 날을 맞이하여 우리는 새롭게 태어나야 합니다. 우리가 지닌 마음의 등불을 밝혀 국가와 사회를 위해 보살행을 실천하는 불자가 되자는 취지의 봉행사입니다. 연이어 범어사 신도회장과 부산시장의 축사가 있었습니다.

이어 조실 지유 스님이 봉축 법어를 내립니다.


세존께서 탄강하실 때 '천상천하 유아독존'을 외친 까닭은, 이 우주에 생명이 가장 존귀하다는 선언입니다. 사람으로부터 작은 미물에 이르기까지 모든 생명은 절대적으로 고귀합니다. 부처님은 이런 일체중생을 대자비로 제도하시려는 가르침을 80평생 몸소 실천하셨습니다. 보고 듣고 말하는 우리 마음은 눈에 보이지 않지만 분명히 작용합니다. 우리는 밖에서 진리를 구해서는 안 됩니다.

내 마음에 모든 진리가 완벽하게 갖추어져 있습니다. 내 마음을 바로 알면 나와 남을 구별하지 않습니다. 모든 생명은 우주의 생명

근원인 법계의 성품으로 이루어졌습니다. 부처님 오신 날을 맞아 모든 불제자들이 청정한 본성을 회복하여 불국정토를 이루길 기원합니다.

누구나 이해하기 쉬운 법문을 하였습니다. 조실 스님이 법어를 마치자 반배를 올린 후 박수가 이어집니다. 마음 깊이 조실 스님의 법어를 새기는 의미의 박수라 느껴집니다.

한복을 곱게 차려 입은 범어사 합창단이 부처님 오신 날 노래를 부릅니다. 「사홍서원」과 「산회가」 합창을 끝으로 봉축법요식이 끝났습니다. 참석한 내빈들에게 사회자가 청풍당에 다과회 안내를 합니다.

우리 학생들은 일주문 옆으로 집결 시켰습니다. 범어사에서 제공하는 빵과 우유를 주어야 합니다. 선생님들이 미리 받아온 우유와 빵을 나누어 주고 나면 해산합니다.

부처님 오신 날 절에 연등을 밝히는 일도 뜻 깊은 일입니다. 그러나 이날을 맞아 우리 마음에도 등불을 밝혀야 합니다. 꼬리를 물고 일어나는 생각을 번뇌 망상이라 합니다. 이런 번뇌는 마치 하늘에 구름이 낀 모습과 같습니다. 구름이 사라지면 찬란한 태양이 빛납니다. 우리 마음에 번뇌를 걷어내면 원래 밝은 마음이 드러난다 합니다. 불교 수행은 마음의 번뇌를 걷어내는 길이라 할 수 있습니다.

법당에 발 디딜 틈이 없이 참배하는 신도들, 가족 연등을 향해

선 채로 합장 배례하는 불자들, 향과 꽃을 올리는 어머니와 할머
니들, 이런 모든 분들이 부처님의 자비로 마음의 평화를 얻어 행
복하기를 기원합니다. 범어사를 찾은 모든 사람들도 행복했으면
좋겠습니다. 이분들의 소원이 이루어지기 바라는 마음입니다.

오랜만에 신록이 푸른 휘장을 두른 범어사 오솔길을 걸었습니
다. 시냇물이 졸졸 흐르고 산새들이 노래합니다. 자연은 언제나 경
이롭습니다. 부처님 오신 날의 향기로운 마음이 오래 이어지길 바
라며 내려왔습니다.

## 2. 범어사 방장 지유 스님 법어

　2013년 봄이 무르익어 여름으로 성큼 다가온 느낌입니다. 부산 지하철 1호선은 동래역에서 구서역까지 지상으로 달립니다. 차창 밖 서쪽 금정산 능선은 진초록 휘장을 두른 듯 푸릅니다. 6월 9일 일요일이 음력 5월 초하루라, 절에 가는 옷차림의 어머니들이 더러 보입니다.

　범어사 매표소를 지나 쉬엄쉬엄 걸어 원효암 가는 길로 접어들었습니다. 아름드리 우거진 나무들이 상쾌한 숲 향기를 뿜어냅니다. 지난겨울 추위에 떨던 아픔을 위로하듯 잎들이 한들거립니다.

언제 찾아도 자연이 껴안은 숲은 우리에게 삽상한 공기를 선물합니다.

비탈길이라 천천히 걸어도 등허리에 가벼운 땀이 느껴집니다. 길가 바위에 걸터앉아 좀 쉬었습니다. 좀 쉬다 걸으니 훨씬 가뿐합니다. 한 시간 가까이 걸어 원효암 부근에 다다랐습니다. 의상대 옆에 서서 동쪽을 바라보며 심호흡을 해 봅니다. 시원한 산바람에 가슴이 탁 트이는 느낌입니다. 저 아래 쪽에 근무했던 금정중학교와 팔송 마을이 한눈에 들어옵니다. 금정산 녹음은 절정을 이루어 숲의 바다를 이루었습니다.

조금 걸어올라 원효암에 도착했습니다. 전에 있던 건물은 사라지고 새로 지은 건물이 우뚝 서 있었습니다. 법당 건물은 정면 5칸, 측면 3칸의 맞배지붕 목조 건물입니다. 서쪽 요사채는 방이 6개인 맞배지붕 목조 건물로 신축 중이었습니다.

법당에 들어가 보니, 아직 불단이 설치되지 않았습니다. 건물 벽은 사방이 짜였고 법당 바닥은 나무로 깔았습니다. 단청도 하지 않아, 공사 진행 상태입니다. 법당 바닥에는 야외용 비닐 돗자리가 줄지어 깔렸습니다.

불자들은 법당 중앙에 놓인 법상을 향해 삼배를 올리고 조용히 앉습니다. 나와 아내도 삼배를 올리고 앉았습니다. 오전 10시가 넘은 시간, 신도들이 계속 들어옵니다. 얼마 후 200명이 넘는 신도들이 법당에 꽉 찼습니다. 모두 참선 자세로 조용히 앉아 법회를 기다립니다.

　원효암 초하루 법회 지유 스님 법문은 선禪법문, 또는 마음법문이라 합니다. 작년에 범어사가 금정총림으로 지정되고, 올해 스님이 방장으로 추대 되었습니다. 노스님의 법문을 기다리는 불자들의 간절함이 행동에 읽혀집니다.

　10시 50분경 삼귀의와 『반야심경』을 봉송하고, 11시 정각 방장 스님이 법상에 올랐습니다. 늘 그러하듯 차분하고 조용한 목소리로 법문을 열었습니다. 두 시간 동안 이어진 청량한 법문 일부를 소개합니다.


　기쁨·슬픔·괴로움을 느끼는 것이 본래 마음이다. 바람소리 듣고 바람 부는 줄 아는 것, 즉각 알아차리는 마음이 바로 본래 마음이다. 깨달은 부처님이나 범부인 우리의 근본 마음은 조금도 다르지 않다. 눈은 무엇을 보면 알고, 귀는 소리를 들으면 바로 알아차린다. 알아차리는 근본이 마음이다.

　사람들의 괴로움을 벗어나게 하는 일이 중생제도다.

　사람들 괴로움을 제도하려는 자비원력을 세운 분이 부처님이다. 우리 사는 세상은 즐거움보다 괴로움이 더 많은 곳이다. 그래서 사바세계라 부른다. 출가 전에 태자는 이름이 고타마였다. 왕궁에서 여러 호사를 받으며 즐거움을 누렸다. 그러나 자라면서 점점 고통에 대하여 새롭게 눈뜨게 되었다. 사는 일이 왜 고통스러운지 골똘히 생각에 잠기곤 하였다. 그러다 명예와 지위 모든 것을 다 버리고 진리를 깨닫기 위해 출가하였다. 6년 동안 피나는 정진으로 마침내 깨달음을 이루었다.

깨닫고 나서는 모든 번뇌와 괴로움을 초월하였다. 부처님이 제자들에게 가르친 진리를 모아 엮은 것이 경전이다.

누구나 배운 지식이 많다고 지혜가 생기는 것은 아니다. 우리 삶이 괴로운 이유는 지혜의 부족에 있다. 지혜를 밝히지 못해 번뇌와 산란한 마음이 일어난다. 마음이 어지러우므로 고요히 안심이 안 된다.

젊어서 기억력이 뛰어난 사람이 있다. 나이가 많아 늙어지면 그 사람도 기억력이 쇠퇴한다. 이런 사실은 만물이 변하고 무상하다는 증거다. 우리 육신은 생긴 것이므로 끝내 없어진다. 그러나 마음은 생긴 것이 아니므로 없어지지 않는다. 보통 사람들은 이 육신을 자기라고 착각하고 살아간다. 이 육체가 자기가 아니다. 이 육체를 끌고 다니는 묘한 작용을 하는 것이 참된 자기다.

여기 모인 대중 가운데 자기 마음을 본 사람이 있나요?

꼬집으면 아픈 줄 알고, 부르면 대답하는 그것이 마음이다.

그러나 절대 눈에 안 보인다. 물체가 아니고 모양과 크기가 없으므로 눈에 보일 리가 없다. 마음은 태어나지 않았기 때문에 죽음도 없다. 생生과 사死가 없다. 이것이 불생불멸이다. 여기 대중들이 모두 지닌 자기 마음을 찾기 위해 열심히 수행하기 바란다. 노력한 만큼 반드시 얻는 것이 있는 법이다.

방장 스님의 마음법문은 언제 들어도 신선합니다. 우리가 살아가는 생활에 맞는 법문을 내리기 때문입니다. 방장 스님께 예를 올리고 대중들은 감동의 박수를 칩니다. 모두 얼굴에 환희심이 넘치는 표정입니다. 선지식 법문을 들어도 기억에 남지 않는다고 말하는 사람도 있습니다. 하지만 우리들 제8 아뢰야식 깊은 마음에 저장된 정보는 절대 지워지지 않습니다. 여기 저장된 업보에 따라 윤회를 거듭합니다.

'마음이 참 자기라, 마음이 참 자기라…'

법문이 끝나도 이 말씀이 머릿속에 맴돕니다. 법당과 요사채 공사 중이라, 비빔밥을 받아 마당에 앉아 공양을 합니다. 그래도 조금도 불편하다는 생각이 없습니다. 절 마당 곳곳에 신도들이 편하게 앉아 공양합니다. 삼삼오오 모인 신도들 표정은 환희심으로 밝아 보입니다. 맑은 감로 법문을 들은 날입니다. 범어사로 내려가는 발걸음도 한결 가볍습니다. 범어사 대웅전·관음전·지장전 참배를 마치고 일주문을 나섰습니다. 경내의 녹음이 한층 싱그러워 보입니다. 범어사 품에 안겼던 하루, 심신이 상쾌합니다.

# 3. 그리운 광덕 스님

광덕 스님을 내가 처음 만난 때는 1970년 3월이었습니다. 한창 대불련 활동을 할 때입니다. 매주 토요일 오후에 부산역 맞은편 소림사에서 법회가 열립니다. 그 당시 범어사에 계시던 양국 스님과 광덕 스님이 한 번씩 법문을 하였습니다. 양국 스님은 우리들에게 자상한 어머니 같았습니다. 생활 법문을 들려주고 때론 농담도 하면서 우리를 웃깁니다. 우리가 살면서 실천할 행동을 친절하게 일러 주었습니다.

광덕 스님은 첫인상이 학처럼 해맑은 모습입니다. 보통 사람보다 피부가 맑으며 깨끗해 보입니다. 처음 만나도 누구나 호감을 갖는 정갈한 풍모를 지닌 스님입니다.

삼귀의-찬불가-반야심경-청법가를 부르고, 입정 후에 스님을 연단으로 모십니다. 광덕 스님의 법문은 나지막한 목소리로 시작합니다. 그러나 이야기가 차츰 무르익으면 웅변 연사처럼 힘찬 법문을 설합니다.

제군들이 밥 먹고 보고 듣는 이 생명은 본래 부처님 생명이다. 부처님의 광명 그 자체다. 경전에 일체중생이 부처님의 지혜 덕성을 다 갖추었다고 하였다. 사람은 누구나 이미 완전한 광명을 본래 지났다는 뜻이다. 이것은 이론으로 끌어낸 결론이 아니다. 번뇌에 물든 인간을 격려하기 위해 꾸며낸 말이 아니다. 그렇다고 인간 스스로 만족하고 기뻐하자는 뜻이 아니다.

이 선언은 부처님의 밝은 지혜와 자비의 눈에 비친 진리의 말씀이다. 부처님이 하신 엄연한 진리를 의심할 수 없다. 그대로 믿고 실천할 때, 우리에게 그 진리가 드러나기 때문이다.

나의 생명은 부처님의 무량공덕 생명! 내 생명에 가득한 부처님 광명의 실재다. 무한한 지혜와 하늘에 넘치는 덕성은 모든 속박을 벗어난 자유다. 태양처럼 너울치고 바다처럼 출렁이는 부처님의 위력이다. 이것이 우리 생명의 근본임을 환희로 믿어야 한다. 이것이 우리 불자의 도리다. 여러분이 먼저 믿어야 한다. 대학에서 공부하는 지성으로 확신해야 한다. 너희는 우리 사회의 엘리트 아닌가!

광덕 스님은 이렇게 우리 생명이 본래 청정함을 역설합니다. 그런데 우리가 사는 세상은 왜 갈등과 고난이 있는가를 설명합니다. 사회에서 일어나는 불행과 어둠과 고통은 무엇 때문인지 밝혀 줍니다.

주위에서 일어나는 불행과 어둠은 어찌된 일인가? 그것은 착각의 탓이다. 생명의 청정한 근본을 잊었기 때문이다. 자기 나름대로 자유를 구하고 충동에 따른 행동의 결과다. 온갖 생각을 일으켜 마음에 먹칠을 한 때문이다. 실로 없는 것을 있는 듯이 보기 때문이다. 이것을 미혹이라 한다. 미혹은 착각에서 오는 사실의 왜곡이다. 착각하고 왜곡하여도 사실은 바뀌지 않는다.

설사 번뇌가 들끓어도 우리 본성은 조금도 오염되지 않는다는 뜻이다. 이렇게 긴 세월 미혹하여도 우리 생명에는 아무런 물듦이 없는 것이다.

경전에 부처님의 광명이 일체 처에 두루 비춘다고 하였다. 이것이 근원 생명의 본 모습이다. 청정한 본래 성품 모습이다. 동시에 우리 생명의 본질이다. 우리 생명이 태양보다 더 밝은 광명의 실재임을 믿자. 우리의 이 생명의 힘을 아낌없이 발휘하자.

그리하여 우리를 괴롭히는 불행·고난·병고를 모두 소탕하자. 어둠의 존재는 독자성이 없는 것이다. 어둠은 생명의 빛이 없음을 의미한다. 우리의 생명이 부처님의 광명임을 굳게 믿자. 우리의 마음·생각·행동을 부처님의 광명으로 가득 채워, 우리 겨레의 행복과 평화와 번영을 이룩하자.


지금도 광덕 스님의 힘찬 사자후가 뇌리에 선명합니다. 40년 넘는 세월이 흘러도 스님의 육성이 귓가에 쟁쟁합니다.

1971년에 스님은 범어사를 떠나 대한불교 조계종 총무부장에 취임하였습니다. 그러다 그해 11월 25일 청담 스님이 입적하자, 총무원장 직무를 대행하였습니다.

한국 현대 불교사에서 1970년대는 큰 변화를 일으킨 시기입니다. 한국 불교의 현대화·대중화·조직화의 운동이 펼쳐진 연대이기 때문입니다. 일제가 남긴 왜색 불교를 척결하고, 우리 불교의 자주성 회복운동이 시작된 시대였습니다.

1970년 5월 이한상 거사를 중심으로 대중포교를 위한 삼보법회가 창립되었습니다. 2년 후 5월에는 동국제강 창업주 장경호 거사가 서울 남산에 대원정사를 창건하였습니다. 그리고 2년제 불교교양대학이 처음 문을 열었습니다. 1974년 4월에는 동국대학교 이기영 박사가 대학교수와 교사 등 지식인을 회원으로 구도회를 창립하였습니다.

가장 큰 업적은 1975년 1월에 용태영 변호사가 제소한 석가탄신일 공휴일 제정이 확정된 쾌거입니다.

이런 흐름 속에 광덕 스님은 종단의 소임을 내려놓았습니다. 이어서 서울 대각사에서 불광회佛光會를 창립하였습니다. 그리고 1974년 11월 우리나라 불교 잡지의 금자탑인『불광』을 창간하였습니다. 암울했던 일제강점기 선각자 스님들이 민족 운동으로 불교 잡지를 창간한 일이 있었습니다. 많은 잡지들은 일제 탄압에 몇 년 못가 폐간되는 수난을 당했습니다.

그 무렵 3·1 운동 민족대표 33인의 백용성 스님은 독립을 위해 대각운동을 전개하였습니다. 대각사상은 대중 불교를 표방한 민족각성으로 독립정신을 내포하고 있었습니다. 용성 스님은 1911년 4월에 서울 종로구 봉익동에 대각사를 창건하였습니다. 60여 년 후 용성 스님의 문손門孫 광덕 스님은 새로운 불교 운동의 기치를 높이 세웠습니다.

2014년 현재 『불광』 잡지는 문서포교의 선두로 방방곡곡에 불법을 전파하고 있습니다. 40여 년의 연륜을 쌓으며, 몇 차례 한국 최우수 월간 잡지로 선정되기도 하였습니다.

그 무렵 대각사에서 열린 불광법회에 광덕 스님의 법문은 불자들에게 청량한 감로 법문이었습니다. 서울 불자들은 스님의 법회 날짜를 손꼽아 기다렸습니다. 광덕 스님의 법문은 생명의 찬가요, 감동 자체라고 불자들은 입을 모읍니다. 이렇게 바라밀 사상과 보현행원 사상이, 긴 강의 발원지처럼 분출되기 시작하였습니다. 그로부터 8년 후인 1982년 10월 14일이었습니다. 광덕 스님은 잠실 벌판에 불광사를 준공하여 불광 제2기 잠실시대를 열었습니다.

10년 후 1992년 4월 2일에 서울 세종문화회관에서 불교 음악의 새로운 지평이 열렸습니다.

불광합창단이 창작 교성곡 「보현행원송」을 공연하는 날이었습니다. 입추의 여지없이 참석한 수많은 불자들이 감동의 눈물을 쏟게 하였습니다. 500여 명의 대합창단이 무대를 꽉 메웠습니다. "보현행원으로 불국 이루리, 보현행원으로 보리 이루리, 보현행원을 수행하오리라"는 후렴 구절이 울려 퍼집니다. 그 순간 합창단과 청중은 열광의 도가니에 휩싸였습니다. 감동의 물결이 세종문화회관을 휩쓸었습니다. 감동! 감동! 감동이 청중을 사로잡았습니다. 스님도 울고 신도들도 울었습니다. 감동의 눈물을 흘리며 후렴 구절을 따라 힘차게 합창합니다.

이런 엄청난 감동의 물결은 광덕 스님이 아니면 불가능했을 거라는 말들이, 공연 후에도 여운처럼 이어졌습니다. 광덕 스님은 우리에게 이런 새로운 불교운동을 앞장서 보여 주신 보살이었습니다.

마침내 1999년 2월 27일 사바세계의 인연을 다하고 평온하게 열반에 들었습니다. 범어사 보제루에 영단을 차려 스님의 진영을 모셨습니다. 영전에 스님의 은혜를 생각하며 나는 하염없이 눈물을 흘렸습니다. 다시 우리 곁에 오셔서 불법을 펴시기를 염원하며 삼배를 올렸습니다.

영결식은 출가 본사인 범어사에서 법도에 맞추어 엄숙하게 진행되었습니다. 영결식에 수많은 스님들과 신도들로 범어사 경내는 인산인해를 이루었습니다. 주위의 산봉우리와 우거진 나무들도 스님의 열반을 슬퍼하는지 고요히 지켜보고 있는 듯 말이 없습니다. 다비장으로 향하는 스님의 법구 뒤에는 수많은 사람들이 스님을 그리워하며 뒤따릅니다. 3월 초, 겨울 기운이 남아있는 차가운 날씨, 햇살도 숨을 죽여 고요합니다.

스님 우리 곁에 다시 오셔서 저희들을 제도해 주소서!

나무아미타불!

# 4. 범어사 불교대학 메아리

부처님 오신 날 범어사 육법공양

범어사 설립 금정중학교에 근무하는 인연으로 스님들을 자주 만납니다. 스님과 가끔 차를 마시며 포교에 관한 이야기를 나눕니다. 스님들은 하나같이 포교에 원력을 세우고 있습니다.

1987년에는 학교법인에서 교법사로 임명되었습니다. 불교를 가르치며 포교에 대한 관심이 점점 커졌습니다.

1988년 9월에 홍교 스님이 범어사 주지로 계실 때, 범어사 불교

대학 전신인 금정불교학교가 문을 열었습니다. 담임법사는 화랑 스님으로 불교 신도 50~60명에게 초급 과정을 해마다 가르쳤습니다. 4년이 지난 92년 학교 이름을 금정불교대학으로 바꾸고, 초대 학장은 당시 범어사 주지 정관 스님이 맡았습니다.

이어 직장인을 위한 야간 과정도 개설하여 초급을 수료한 사람들은 중급반으로 올라 공부했습니다. 범어사 금정불교대학은 입소문을 타고 사람들에게 널리 알려졌습니다.

금정불교대학은 교통이 편리한 양정에 자리를 잡고 있습니다. 불교연합회 건물 3층과 4층을 강의실로 사용합니다. 3층에 부처님 모신 강의실은 방석을 깔고 앉아 공부하는 책상이 줄지어 놓여 있습니다. 120명 정도가 공부할 수 있는 강의실입니다.

얼마 후 지종 스님은 포교국장으로 담임법사를 맡았습니다. 그 인연으로 나는 1996년부터 금정불교대학 야간반 강의를 맡았습니다. 몇 년간 기초 교리, 부처님 일생, 불교 역사를 강의했습니다. 스님과 재가자 10여 명이 넘는 교수진이 과목별로 강의합니다. 불교음악과 다도 같은 과목은 불자들이 좋아합니다. 2000년부터 12년 동안 해마다 불교역사를 강의했습니다. 불교역사는 불자들에게 상당히 흥미롭습니다. 인도·중국·우리나라 불교가 연결되도록 공부합니다. 부처님 탄생과 사문유관은 이야기 식으로 설명합니다. 요즘말로 스토리텔링으로 사문유관을 좀 부연 설명을 하면 다음과 같습니다.

부처님 어릴 때 이름은 고타마 싯닷타로, 카필라국 숫도다나왕의 태자입니다. 태어난 지 일주일 만에 안타깝게 어머니 마야부인이 세상을 떠납니다. 어린 태자는 이모인 마하파자파티의 보살핌 속에 자랍니다. 태자는 소년이 되면서 혼자 숲에서 조용히 명상을 자주 합니다.

부왕은 왕궁에서 태자가 즐겁고 신나게 놀기를 원했습니다. 하지만 신나게 놀기보다 골똘히 사색에 잠기는 모습을 보입니다.

왕실에선 최고의 스승을 가려 장차 왕으로 갖출 정치, 경제, 수학, 논리학 같은 공부를 시킵니다. 아울러 승마, 창술, 궁술 같은 무예도 연마시킵니다. 스승이 가르치는 학문과 무술에는 뛰어난 능력으로 빠르게 향상합니다.

명상에 잠기는 태자를 쾌활하게 바꾸려는 부왕은 온갖 노력을 기울입니다. 태자의 나이 열아홉 살 때입니다. 꼴리야국의 왕 숩빠붓다의 딸 야소다라와 결혼을 시킵니다. 부왕은 태자 부부를 위해 람마, 수람마, 수바라는 세 개의 궁전을 지었습니다. 누각 앞 연못에는 희고 붉은 연꽃이 아름답습니다. 부왕은 궁녀들이 춤추고 노래하여 태자가 흥겨운 분위기에 어울리도록 명합니다. 왕자로서 행복을 느끼도록 세심한 배려를 합니다.

어느 화창한 봄날, 태자는 마차를 타고 신하들과 함께 동쪽 성문을 나섭니다. 성문 밖 길을 지나다 태자의 마차가 멈추었습니다. 앞에는 머리카락이 하얀 꼬부라진 노인이 길가에 서 있었습니다. 노인은 지팡이에 의지한 채 숨을 헐떡입니다. 마차에서 태자는 늙은 노인을 바라봅니다. 기력이 쇠진하여 애원하는 듯한 눈동자였습니다. 태자는 늙음에 대한 생각에 잠깁니다.

'늙음은 참으로 서글픈 일이구나. 사람으로 태어나면 누구도 늙음을 피할 수 없구나. 나도 저렇게 늙는 것을 피할 수 없으리라.'

봄놀이에 흥겨운 사람들 속에서 태자는 즐거움을 느낄 수 없었습니다. 성 안에 돌아와서도 늙음에 대한 번민이 지워지지 않았습니다.

며칠 후 남쪽 성문으로 야유회를 나섰습니다. 성문 밖을 조금 지나자 온몸에 종기가 돋아 피고름이 흐르는 병자가 길가에 누워 있었습니다. 고통스런 신음소리로 괴로움에 뒹굴고 있었습니다. 그런 모습을 보고 태자는 마음이 너무 아팠습니다.

'저 환자도 지난 날엔 젊고 건강했으리라. 저런 병고를 상상이나 했을까. 나 역시 저렇게 병드는 것을 피하지 못하리라.'

나들이를 다녀온 후 태자의 얼굴엔 웃음이 사라졌습니다. 분위기를 바꾸려던 왕족들의 기대는 근심으로 변해갑니다.


그러던 어느 날입니다. 마부 찬나가 이끄는 마차를 타고 서쪽 성문 밖 봄꽃 핀 동산으로 향했습니다. 태자 일행은 길가에서 긴 장례 행렬을 만납니다. 망자 뒤에는 울부짖는 가족들이 슬피 뒤따르며 이어집니다. 아무리 슬피 울어도 떠난 사람이 다시 올 수 없는 일입니다.

'참으로 슬픈 광경이다. 죽음을 피할 수 있다면 얼마나 좋을까.

그러나 누가 죽음을 피할 수 있단 말인가!'

태자의 마음엔 세상이 온통 고통으로 아우성인 것 같았습니다.

"찬나야! 돌아가자."

태자는 동산으로 향하던 마차를 돌려 궁전으로 돌아옵니다.

그리고 며칠이 지났습니다. 태자는 홀로 연못가를 거닐거나 숲에서 사색에 잠기는 나날을 보냅니다.

왕은 조카인 마하나마와 아난다를 불러 나들이를 권합니다. 사촌들의 권유로 태자는 다시 북문으로 봄놀이를 나섰습니다. 마차가 북문을 벗어나 조금 지나갈 무렵입니다. 마차 위에 말없이 앉아있던 태자가 갑자기 행렬을 멈추게 합니다.

남루한 옷차림을 한 수행자가 걸어오고 있습니다. 시선을 아래로 한 채 맨발로 당당하게 걸어오고 있습니다. 태자는 마차에서 내려 수행자와 마주 섰습니다.

"사문이여, 어디로 가는 길입니까?"

"바람이 머무는 곳은 정해져 있지 않습니다. 옷 한 벌과 그릇 하나로 자유롭게 세상을 떠돌 뿐입니다."

"그렇다면 지금 당신은 어떻게 살아갑니까?"

"세상의 욕심에 물들지 않고 참다운 진리를 추구합니다. 어떤 생명도 해치지 않고 늘 자비로운 마음으로 안심시킵니다. 고통을 만나도 근심하지 않고 기쁜 일도 들뜨지 않습니다. 자신을 엄하게 다스리고, 태산처럼 해탈의 길을 따라 한 걸음씩 옮길 뿐입니다."

태자는 사문의 말에 감동했습니다.

"훌륭하십니다! 정말 훌륭하십니다!"

태자는 남루한 수행자의 두 발에 정중히 예를 올렸습니다. 그날 야유회는 참으로 유쾌했습니다. 일행은 오랜만에 보는 태자의 밝은 표정에 기쁨을 감추지 못합니다. 그날 태자의 마음에 출가에 대한 신념이 뿌리내립니다.

흥겨운 나들이를 마치고 황혼 무렵 성으로 돌아오는 길이었습니다. 급한 말발굽 소리에 시종이 크게 소리칩니다.

"태자님! 기뻐하십시오. 태자비께서 아들을 낳으셨습니다."

서쪽 하늘을 바라보던 태자가 조용히 말했습니다.

"라훌라(Rahula)가 태어났구나. 속박을 낳았구나!"

누구도 입을 열지 못합니다. 침묵 속에 일행은 궁궐로 돌아왔습니다.


다음 날 왕손 탄생을 축하하는 7일 동안의 잔치가 열렸습니다. 연속된 잔치가 끝나는 날 밤, 사람들은 지쳐 잠들었습니다. 궁중에 깨어 있는 사람은 태자뿐입니다. 그는 깊은 생각에 잠깁니다.

'인생의 젊은 시절은 세월 따라 늙음으로 끝난다. 건강하던 사람도 병이 나면 고통에 시달린다. 결국 예기치 못한 죽음이 찾아와 사람의 일생이 끝난다. 이런 괴로움을 벗어나는 길이 반드시 있을 것이다.'

이레 동안의 잔치가 끝난 밤입니다. 사랑하는 아내 야소다라와 아들 라훌라의 잠든 모습을 마지막으로 바라봅니다.

호사스런 왕실 생활을 떨치고, 최상의 진리를 찾아 출가를 결행합니다. 태자의 나이 스물아홉 살 때였습니다.

이렇게 내용을 설명하며 불교역사를 강의합니다. 듣는 사람들은 이런 설명을 이해가 쉽다 합니다. 한 강의실에 앉아 듣는 사람들의 불교 수준은 차이가 큽니다. 5년 10년 절에 다닌 사람도 있고, 이제 처음 불교를 만난 사람도 있습니다. 설명할 때 쉽게 한다는 화두를 늘 생각하며 강의합니다.

야간반 쉬는 시간은 가족 같은 분위기입니다. 공부하는 사람이 자율로 보시한 떡과 요구르트를 일일이 나누어 줍니다. 100여 명이 먹을 수 있는 개수가 필요합니다. 수강생 중에 직장에서 바로 퇴근하는 사람들도 있습니다. 밤 7시 수업인데, 오는 거리와 시간 때문에 저녁 먹을 틈이 없습니다. 배가 고프면 강의도 귀에 안 들립니다.

그래서 보시반, 지계반 등 6개 반이 번갈아 간식 준비하는 전통이 생겼나 봅니다. 내게도 책상에 마주 앉아 같이 먹자고 요청합니다. 어느 반 책상에 마주 앉으면, 다른 반에서 우리 반에도 오라며 농담합니다. 주간반은 여성 불자들이 훨씬 많습니다.

야간반은 직장 남성들 참석으로 주간보다 거사들이 좀 많습니다. 연령층은 20대에서 70대까지 다양합니다. 부부·모녀·남매가 함께 수강하는 사람도 있습니다.

범어사 불교대학에 16년 강의하면서, 오히려 내가 배운 점이 많습니다. 포교가 얼마나 중요한지, 사람들 삶이 얼마나 버거운지 피부로 느꼈습니다.

그들에게 불교 공부하면서 어떤 변화가 왔는지 물어봅니다.

여러 대답들 중 "마음을 다스려야 한다."는 대답이 가장 많습니다. 마음을 다스리니, 남편도 달리 보이고 며느리도 좋게 보인답니다. 다음으로 살면서 욕심을 부리지 않겠다는 대답입니다. 부처님의 가르침이 생활에 좋은 영향을 미치는 증언입니다.

부처님 가르침에는 애매한 내용이 없습니다. 가르침의 실천이 쉽지 않지만, 노력하면 조금씩 분명히 달라집니다. 이런 좋은 변화에 사람들이 불교를 믿고 공부합니다. 내가 소중하면 다른 사람도 같이 소중하다는 가르침이 불교의 핵심입니다. 나를 위하듯 남을 생각하면 무슨 갈등이 생기겠습니까?

좀 일찍 이런 공부를 못한 게 후회스럽다는 불자도 가끔 만납니다. 늦다고 여길 때가 빠른 경우라 말해 줍니다. 여러 해 불교대학에 강의하면서 불교의 희망을 보았습니다. 포교가 얼마나 큰 영향을 미치는지 실감합니다. 불교의 미래 희망은 포교에 달렸습니다. 봉사와 보살행은 가장 보람찬 실천이요 기쁨이 됩니다. 함께 공부한 불자들 인연에 고마운 마음입니다. 불교 배우면서 마음이 한결 평온하다는 불자들의 메아리가 울립니다.

# 제 3 장

# 학생들과 어울린 세월

# 1. 안양학생회 수련회 추억

　내가 안양불교학생회를 맡은 지 1년이 지난 1978년 1월입니다. 회장단이 일요일에 부산·경남의 절을 찾아 수련대회 장소를 물색합니다. 절을 운영하는 주지 스님의 허락을 받아야 수련회를 열 수 있습니다. 많은 학생들이 집단 숙박하며 행하는 수련회는 절에서는 번거로운 일입니다.

　12월, 몇 군데 절을 찾던 회장단이 경남 사천시 곤명면 다솔사에서 허락을 받았습니다. 다솔사는 부산 범어사 말사입니다.

　해방 후 다도에 조예 깊은 효당 최범술 스님이 머물기도 했습니다. 범어사 노장 지효 스님이 절 뒤쪽 10여 분 거리의 봉일암에 가끔 머물기도 하는 절입니다.

　첫 수련대회라 부담이 덜하게 1월 1일부터 3일까지 2박 3일 일정을 잡았습니다. 학생들이 다니는 학교에 불교반을 지도하는 선생님이 있습니다.

　성공 스님은『금강경』,『천수경』녹음테이프 목소리 주인공으로 널리 알려진, 염불을 잘 하는 스님입니다. 성공 스님과 지도교사 이름을 밝히고 수련회를 간다고 하면 불교 믿는 부모님들이 허락합니다.

　토요 법회 때 나는 수련대회가 왜 중요한지 설명합니다. 대학생

때 나는 여러 번 수련대회를 체험했습니다. 속세에 사는 우리가 절에서 스님들 수행 모습을 생생히 볼 수 있습니다. 그런 생활을 체험하므로 인생에서 아주 중요한 일이라 생각합니다.

수련 기간엔 학생들도 스님처럼 새벽 3시쯤 기상하여 예불 올리고, 세끼 식사도 발우공양을 합니다. 참선도 직접하고 108배 절을 하고, 염불도 익히고 불교교리도 배웁니다. 어렵고 힘들다고 지레겁을 먹으면 평생 체험하지 못합니다. 스님과 선생님 지도에 따르면 처음엔 힘들지만, 하루가 지나면 점점 익숙해집니다. 어둠에 잠긴 적막한 새벽, 은은한 범종소리는 공명으로 심신을 고요에 잠기게 합니다.

처음 모집한 수련 참가 인원은 34명입니다. 참가 학생들에게 준비물을 알렸습니다. 발우(플라스틱 그릇 4개)와 수저, 수건 3개, 작은 수건 2개, 손전등, 필기구는 필수입니다. 수건은 절하며 땀날 때 방석 위에 깔고, 발우공양에 필요합니다. 손전등은 밤에 좀 떨어진 해우소(화장실)에 갈 때 필요합니다.

수련 학생들은 1월 1일 오전 9시 부산진역에 모였습니다. 순천행 완행열차를 타고, 11시가 넘어 다솔사역에 내렸습니다.

차가운 겨울바람이 부는 시골 도로. 배낭을 멘 학생, 가방을 든 학생들은 40분 넘게 걸었습니다. 날씨는 추워도 재잘대는 모습이 소풍가는 기분 같습니다. 곤명 방향 도로에서 오른쪽 길로 다솔사로 향합니다. 용산리 마을을 통해 저수지를 지나니 우거진 소나무 숲길입니다. 12시쯤 드디어 다솔사에 도착합니다. 주지 스님께 인사를 드리고, 준비해 둔 점심을 따뜻한 방에서 먹었습니다.

주지 스님은 오후 2시에 입재식을 준비하라 합니다. 식사 후 여학생은 공양간 설거지를, 남학생은 방 4개 청소를 시켰습니다. 우리가 이틀 동안 사용할 방입니다. 여학생 두 개, 남학생 두 개 방을 배치하고 짐을 풀었습니다.

오후 2시에 모두 법당에 모여 수련회를 시작합니다. 입재식은 부처님께 이 도량에서 수련대회를 연다는 신고 의식입니다.

입재식에 주지 스님의 인사 말씀입니다.

"유서 깊은 다솔사에서 갖는 안양불교학생회 수련대회를 진심으로 환영합니다. 수련 기간 동안 불편 없도록 절에서 협조하겠습니다. 수련을 체험하며 불교 잘 배우기 바랍니다."

주지 광진 스님은 범어사에 계실 때, 나는 대불련 학생으로 만나 아는 분입니다.

입재식 후 대중방에 모두 모여 수련회 분과를 편성합니다. 학생 34명을 한 조에 8명씩 정하고, 보시 · 인욕 두 조는 9명으로 편성합니다. 보시 · 지계 · 인욕 · 정진 네 분과와 반장을 정했습니다. 수련 분과는 땔나무 운반, 방 청소, 절 주변 청소, 공양 봉사에 반별로 활동합니다.

이어 대중방에서 발우공양을 가르쳤습니다. 중앙에 내가 앉고 학생들이 빙 둘러 앉아 발우를 앞에 놓고 앉습니다. 수건을 대 · 소 3장 준비합니다. 발우를 감싸고 밑에 깔 것 둘이고, 작은 수건은 발우 닦을 때 씁니다. 내가 시범 보일 발우는 공양주 보살이 빌려줍니다. 스님 발우는 크기가 다른 네 개가 한 벌입니다. 네 개를 포개면 밖에서는 하나처럼 보입니다.

준비한 큰 수건 두 개, 작은 수건, 밥그릇 네 개를 갖고 둘러앉았습니다. 발우공양을 설명합니다.

발우 중에서 제일 크며 바깥에 있는 발우는 '어시발우'라 합니다. 밥을 담는 발우입니다. 내가 발우를 들고 펼치는 순서를 보아가며 학생들이 실습합니다.

수건 하나는 발우 밑에 깔고 하나는 접어서 오른쪽 무릎 앞에 놓는다. 그 위에 작은 수건을 접어 얹는다. 발우 네 개 포갠 것을 왼쪽 무릎 앞에 둔다. 맨 위에 그릇을 엄지손가락 두 개로 들어 어시발우 앞에 놓는다.

그 다음 발우를 들어 첫 번째 놓은 발우 옆에 둔다. 나머지 하나는 오른쪽 무릎 앞에 놓는다. 발우 놓는 순서는 한글 기역자를 쓰는 순서와 같다. 맨 왼쪽이 밥그릇, 두 번째는 국그릇, 세 번째는 청수 그릇, 제일 작은 그릇은 반찬 그릇이다. 수저는 청수 그릇에 담는다.

이렇게 발우를 펼치는 의식은 끝났습니다. 배식할 때 먼저 주전자로 청수를 두 사람이 양 방향에서 부어줍니다. 어시발우에 받은 청수를 제일 작은 반찬 그릇을 거쳐 끝에 청수 그릇에 붓습니다. 그래야 밥알이나 반찬이 그릇에 달라붙는 것이 덜합니다. 둘러앉은 처음과 중간에 밥을 두 사람이 나누어 푸고, 이어 국물도 두 사람이 퍼 줍니다.

반찬은 오븐에 담은 것을 두 군데서 배식합니다. 각자가 알맞게 반찬 그릇에 담고 오븐은 옆으로 돌립니다. 배식이 다 끝나면 가반을 합니다. 밥이 적은 사람은 조금 더 담고, 많으면 덜어 냅니다. 가반이 끝나면 모두 합장하고 '공양게'를 합창합니다.


이 공양이 어디서 왔는가? 내 덕행으로 받기가 부끄럽네. 마음의 온갖 욕심 버리고 육신을 지탱하는 약으로 알아, 깨달음을 이루고자 이 공양을 받습니다.


이어 죽비를 한 번 치면 공양을 시작하며, 숟가락 소리 젓가락 소리 나지 않게 조용히 합니다.

학생들이 공양을 다 마치면 숭늉을 청수 돌리듯이 따릅니다. 숭늉으로 밥그릇, 국그릇, 반찬 그릇을 씻어서 자기가 마십니다. 씻을 때 김치 한 가닥을 남겨 젓가락으로 행주처럼 그릇을 씻습니다. 마지막으로 한 번 더 청수로 깨끗이 헹굽니다. 약간 흐려진 물을 청수 그릇에 천천히 붓고, 음식 찌꺼기는 모두 마셔야 합니다.

절에서 공양하고 발우 씻은 물을 굶주린 아귀(목구멍은 바늘구멍만하고 배는 수미산만 하다는 중생)가 받아 마신다 합니다. 그때 조그만 찌꺼기가 있으면 아귀가 엄청난 고통을 느낀다고 전합니다. 이런 이유로 버리는 청수에는 찌꺼기가 하나도 없어야 합니다. 청수를 물통에 모두 받아내면 공양이 끝납니다. 받아낸 청수는 굶주린 귀신들을 위해 흐르는 물가에 부어줍니다.

처음에는 무척 어렵지만 익숙해지면 크게 불편하지 않습니다. 30여 명이 식사한 그릇 설거지는 얼마나 일이 많습니까? 그러나 발우공양은 끝나면 각자 그릇 설거지가 동시에 완료됩니다. 얼마나 편리한 방법입니까? 그리고 음식 찌꺼기가 하나도 생기지 않습니다. 환경오염 예방과 음식쓰레기가 없는 가장 좋은 식사법입니다.

저녁에 발우공양 할 것을 예고하고 습의를 끝냈습니다. 20분 휴식 후 대웅전에서 예불문 습의가 있습니다. 오후 4시 『불자지송』 책을 들고 대웅전에 모두 모였습니다.

먼저 학생들에게 절에서 하루의 시작부터 설명합니다.


절에서는 새벽 3시~3시 30분에 일제히 기상한다. 그때 도량석하는 스님은 세수하고 장삼을 입고 가사를 두른다. 그리고 목탁을 치며 도량석을 한다. 절 마당에 서서 대웅전을 향해 절을 하며 내림목탁을 세 번 친다. 이어 목탁을 똑똑 치고 걸으면서 천수경을 외운다. 이 도량석은 절 주변의 모든 생명을 깨우는 의식이다.

도량석이 끝나면 큰북[법고]을 치고 이어 범종을 28회 친다. 범종을 친 다음 목어와 운판 순서로 친다.

법고는 축생을 제도하고, 법종은 지옥중생을 제도한다. 목어는 물속의 생명을, 운판은 하늘을 나는 생명을 제도하는 원력을 지닌다. 법고·범종·목어·운판을 사찰사물四物이라 한다.

　규모가 큰 사찰에는 네 가지를 다 갖추고 있다. 운판을 친 다음 대웅전에서 예불을 시작한다.


　저녁 예불부터 함께 할 예불문을 가르칩니다. 목탁을 치면서 실제와 같이 익히도록 연습합니다.

　집전하는 스님이 "계향 정향 혜향 ……"에서 "헌향진언 옴 바아라 도비야 훔"까지 혼자 선창합니다. "지심귀명례"부터 모든 대중이 함께 리듬을 맞추어 예불을 올립니다. 학생들이 평소 『반야심경』은 잘 외웁니다. 저녁 예불 때 실시하기로 하고 연습을 마쳤습니다.

　겨울철이라 해가 짧습니다. 오후 5시 30분 공양시간에는 해가 졌습니다. 대중방에서 준비한 대로 발우공양을 합니다. 죽비를 내가 잡고 공양을 진행합니다. 오늘은 보시분과가 배식 담당입니다. 청수 두 주전자, 밥통 두 개, 국통 두 개, 반찬오븐 두 개가 준비되었습니다. 죽비를 치고 발우를 펴고 이어 배식을 합니다. 조용히 시켰더니 배식하면서 손짓이 오갑니다.

　배식이 끝나고 합장하여 공양 게송을 외웁니다. 받은 공양의 고마움을 생각하며 밥을 먹습니다. 생각보다 조심하며 잘 하는 모습입니다. 공양이 끝나고 버리는 청수 물통을 교사가 확인합니다. 물빛이 약간 뿌옇지만 밥알이나 고춧가루 같은 찌꺼기는 안 보입니다. 발우공양을 잘 했다고 칭찬했습니다.

공양 후 저녁 6시 30분에 예불입니다. 10분 전까지 대웅전에 모이라 전달합니다.

예불시간에 스님이 집전하여 예불을 올렸습니다. 30여 명의 학생들이 제법 예불문을 잘 따라합니다. 예불문에 이어 『반야심경』을 외웁니다. 『반야심경』이 끝나면 스님의 축원이 이어집니다. 축원 내용은 다솔사와 인연 있는 모든 사람들의 건강과 행복을 기원합니다. 예불이 끝나고 스님이 법당을 나갑니다.

수련생은 남아서 내가 목탁을 치면서 『천수경』 책을 펴고 독경을 합니다. 15분 정도면 『천수경』 독경이 끝납니다. 이어 대웅전 부처님께 108배를 올립니다. 죽비 한 번에 절하고 한 번에 일어섭니다. 학생들은 모두 추리닝 차림입니다. 절하면서 석가모니불 정근을 합니다. 소리 내어 "석가모니불"을 반복합니다. 108염주는 회장에게 주어 절 횟수를 셉니다.

겨울철 추위가 느껴지는 법당입니다. 그래도 30배 정도 절을 하면 몸이 워밍업 됩니다. 죽비를 '탁!' 치며 108배를 시작합니다. 석가모니불을 계속 부르며 108배를 올립니다. 시간은 15분 정도 걸립니다. 108배가 끝나고 선 채로 3분 정도 정근을 더 합니다. 숨을 고르고 안정을 되찾는 수순입니다. 108배를 마치고 앉아 하루를 마무리합니다. 수련회 첫날 일정은 모두 끝났습니다.

절에는 밤 9시 30분쯤 소등합니다. 잠자는 방에서 화장실까지는 60m 정도 됩니다. 화장실에 갈 때는 방에 비치한 손전등을 들고 가도록 강조합니다. 방으로 돌아가 부엌에 데워 둔 더운물로 씻고

취침하도록 알립니다. 취침 후에 밖에 돌아다니지 않도록 주의시
킵니다.

남학생 자는 방에 문 가까이 나는 자리를 펴고 누웠습니다.

입구 쪽에 교사가 있으면 필요 없이 드나들기 힘듭니다. 군불을
땔 절의 방은 따뜻합니다. 취침 전 여학생·남학생 방의 인원을 확
인한 후 전등을 끄고 잠을 청했습니다. 학생들도 피곤한지 잠시
후 조용해졌습니다. 학생들이 처음으로 절에서 맞이하는 꿈나라
여행입니다.

## 2. 수련 마지막 밤 철야정진

이틀째 새벽 3시 20분에 일어나 학생들을 깨웠습니다. 잠시 후 도량석 목탁 소리가 울립니다. 먼저 침구를 정돈합니다. 세면장에서 세수하고 바로 대웅전에 집합하라 일렀습니다. 도량석 끝나고 대양루에 설치한 큰북을 칩니다. 3시 50분쯤 학생들은 모두 법당에 모였습니다. 방석을 가져다 부처님께 삼배를 올리고 꿇어 앉아 대기합니다. 3시 55분쯤 법당의 작은 종이 울립니다. 큰북을 친 스님이 목탁으로 예불을 집전합니다.

한겨울 새벽, 찬 공기를 마시며 예불을 올리는 학생들 입김이 보입니다. 30여 명의 청소년 불자들이 예불문을 합창하니 소리가 우렁찹니다. 『반야심경』을 외우고 나서 스님이 축원할 때는, 합장하여 목탁에 따라 절을 합니다.

예불을 마치고 스님이 나간 후에 수련생은 법당에 남았습니다.

108배를 하는데, 이번에는 죽비를 학생에게 맡겼습니다. 속도가 좀 빠르면 조금 늦추도록 일러 줍니다. 108배는 어제보다 숙달된 느낌입니다. 108배를 마치고 10분 정도 휴식하였습니다.

다음엔 참선실습을 할 일정입니다. 평소 법회 때 입정을 하면서 참선 자세는 어느 정도 알고 있습니다. 10분 이상 참선하기 전에 거듭 설명을 합니다.

가부좌는 결가부좌와 반가부좌가 있다. 결가부좌는 초보자에겐 조금 힘들다. 오른쪽 발을 왼쪽 허벅지 위에 올린다. 왼쪽 발을 오른쪽 허벅지 위에, 발목이 X자가 되도록 포개는 방법이다.

반가부좌는 먼저 오른발을 방석 위에 놓고 왼발을 오른쪽 허벅지에 올린다. 이런 자세가 반가부좌다. 반가부좌가 여러분이 참선할 때 앉을 자세다.


옛날 스님들은 참선할 때 대신심·대분심·대의심이 필수라 했습니다. '나는 무엇인가'를 골똘히 알려는 간절함이 솟아야 참선할 수 있습니다. 참선은 정신을 한 곳으로 집중하는 최선의 방법입니다. 도 닦는 방법 중 가장 빠른 길입니다. 부처되는 수행의 지름길입니다.

그리곤 학생들에게 실제로 반가부좌로 앉게 하였습니다. 참선하는 방법을 순서대로 알려줍니다.


① 허리를 곧게 세우고, 아랫배에 지그시 힘을 넣는다.

② 두 손 엄지손가락을 가볍게 맞대어 배꼽 밑에 둔다. – 선정인

③ 어깨를 부드럽게 하고, 목을 바로 세워 턱을 약간 끌어당긴다.

④ 입을 꼭 다물고 혀끝이 입천장에 닿도록 한다.

⑤ 눈을 가늘게 뜨고 무릎 앞 1.5m 정도에 시선을 둔다.

⑥ 숨을 천천히 들이쉬어 아랫배에 멈추었다, 더 천천히 내쉰다. 들이 쉬었다 내쉬는 숨을 하나로 헤아린다. – 단전호흡

⑦ 숨 쉬는 숫자를 하나에서 열까지 헤아리기를 반복한다.

⑧ 호흡 숫자를 헤아리다, 헷갈리면 다시 하나부터 시작한다.

⑨ 다리가 심하게 저릴 땐 조용히 다리를 바꾸어도 된다.

⑩ 입에 침이 고이면 그대로 삼킨다.


부처님을 향해 앉은 학생들 앞에 나는 마주 앉았습니다. 먼저 시범을 보여 주면서 동작을 따라 하도록 합니다. 죽비를 세 번 치고 참선에 들었습니다. 스님들 선방에선 입선入禪이라 하고 마치면 방선放禪이라 합니다. 5분쯤 지나 움직이는 학생이 보입니다. 10분 동안의 참선이 처음이라 그대로 두었습니다. 10분 동안 참선을 하고, 죽비를 쳤습니다. 학생들은 다리부터 먼저 뻗고 몸을 풀었습니다. 처음 명상을 하면 5분 정도 지나 다리가 아파옵니다. 시간이 더 흐르면 다리가 약간 저리고 떨립니다.

2분쯤 후에 모두 일어서서 한 줄로 법당 안을 거닙니다. 두 손을 배꼽 밑에 맞잡는 차수를 하여 나를 따라 걷습니다. 다리와 몸을 푸는 경행입니다. 세 바퀴 돌고 제자리에 앉아 다시 참선을 합니다.

이번에는 15분 동안 참선을 합니다. 참선을 해 본 사람은 다리가 저릴 때, 5분이 얼마나 길게 생각되는지 실감합니다. 수련대회는 수월하고 느슨하게 하면 마치고 남는 게 없습니다. 힘들고 어렵게 수련을 해야 끝난 후에 얻는 것이 있습니다.

자세가 잘못된 학생들은 가서 바로 잡아 줍니다. 꾸벅 조는 학생도 있습니다. 졸면 죽비로 어깨를 때려 견책을 합니다. '탁!' '탁!' 죽비 소리가 들리면 옆에 학생들도 경종이 됩니다. 15분이 되어 마치는 죽비를 칩니다. 이때 죽비 소리는 너무 반갑습니다. 몸을 충분히 풀게 하고 참선의 중요성을 설명합니다.

불교의 참선은 모든 수행 중에서 가장 빠른 깨달음의 길이다. 처음에는 숫자를 헤아리며 수식관을 하는 것이 좋다. 숫자를 헤아리는 데 정신을 모으면 마음이 집중된다. 물론 처음에는 쉽게 잘 안 된다.

그러나 포기하면 안 된다. 돋보기 렌즈에 햇빛이 비치면 불이 붙는다. 정신을 한 곳에 집중하면 마음이 평온해진다.

마음에서 지혜의 빛을 발하면 어둠과 같은 번뇌가 줄어든다. 우리 마음은 본래 청정하다. 번뇌에 가려 욕심내고 화내고 어리석음에 휘둘린다. 참선은 본래 청정한 지혜를 드러내는 지름길이다. 이 말은 과거 뛰어난 조사 스님들 말씀이다.

대웅전 문 밖이 서서히 밝아 올 무렵 학생들은 절 마당에 모입니다. 절 아래로 인솔하여 주차장에서 가볍게 조깅을 하며 저수지 쪽으로 내려갑니다. 해는 오르지 않아도 동쪽이 훤해집니다. 추운 겨울, 산사에서 자연을 맘껏 호흡하며 느끼는 시간입니다. 저수지 부근 도로가에서 맨손체조를 하고 목청껏 '야호!' 하고 외칩니다. 한겨울 아침, 학생들 입에서 입김이 공중으로 사라집니다. 도로 양쪽 울창한 소나무들이 추위에도 꿋꿋하게 우리를 내려 봅니다.

대중방으로 돌아와 아침 공양을 위해 타원형으로 둘러앉습니다. 오늘은 지계반에서 아침 공양을 배식합니다. 엊저녁에 비해 발우 공양이 보다 익숙해 보입니다. 교사까지 35명이 공양을 해도 말소리 하나 들리지 않습니다. 오전 7시, 공양을 끝내고 대중방 청소 후에 휴식을 합니다.

오전 9시에 대양루에서 『반야심경』 강의 일정입니다. 대웅전에서 마당을 사이에 두고 대양루 건물이 있습니다. 대양루 안에 부처님을 모셨으며, 미닫이문을 닫으면 교실같이 강의할 수 있도록 이동 칠판도 놓여 있습니다.

9시 정각 목탁에 맞추어 합장으로 학생들과 인사를 합니다. 자기 의지로 와서 힘들어하는 모습에 좀 안쓰러운 생각이 듭니다.

"수련회가 힘 드느냐"고 물으니, "예!" 하는 학생도 있고, "할 만합니다" 하는 남학생도 있습니다. 새벽 3시 30분 기상. 일정대로 운영하는 수련회는 매우 힘듭니다.

몇 차례 이어서 공부할 『반야심경』 강의를 시작합니다.


『반야심경』은 우리가 불교의식을 할 때마다 외우는 짧은 경전이다. 우리가 외는 270자의 이 경은 중국 당나라 삼장법사 현장 스님이 번역한 것이다.

원래 반야부 경전은 무려 600부나 된다. 부처님은 45년 동안 중생을 교화하며 21년 동안 반야부 경전을 설하셨다. '마하반야바라밀다심경'이라는 10자로 된 제목을 포함해 글자는 270자다. 짤막해도 그 뜻은 매우 깊고 오묘한 경이다.

'마하'는 무한히 큰 것을 뜻한다. 허공보다 더 큰 의미를 지닌다. '반야'는 지혜를 의미한다. 사회에서 보통 말하는 지혜와는 다르다. 불교의 지혜는 배우고 연습하여 얻는 것이 아니다. 우리 마음에 본래 갖추어진 불성이 즉각 작용하는 것이 지혜다. 지식은 배워서 얻지만, 지혜는 우리 본성에 갖추어진 것을 그대로 쓰는 것이다.

어두운 방에 불을 밝히면 밝아진다. 그 순간 밝은 줄 아는 것이 지혜다. 문명인이나 미개인이나 순간의 밝음을 느끼는 것은 조금도 차이가 없다. 생각하여 아는 것이 아니고 순식간에 직관으로 아는 것이다.

반야의 지혜는 삼라만상의 공空한 이치를 통찰하여 얻은 지혜다. 이 세상에 모양과 크기를 가진 것은 모두 순간순간 변한다. 영원하지 않고 변하는 현상을 공空이라 한다. 연기로 이루어진 사물은 모두 공하다. 공은 텅 비었으나 아무것도 없는 상태가 아니다. 텅 비었으되 묘한 작용을 지니고 있다. 이를 진공묘유라 한다. 반야지혜를 얻으면 세상살이에 괴로움이 훨씬 줄어든다. 나에 대한 집착과 착각을 벗어나기 때문이다.

'바라밀'은 범어로 파라미타라 한다. 저 언덕에 건너간다는 의미다. 고통의 세계, 집착의 세계를 넘어 평온한 정신세계를 터득한다는 뜻이다. '심경'은 매우 중요하고 핵심적인 경이라는 뜻이다.

이렇게 『반야심경』의 제목부터 하나씩 설명하며 강의를 시작합
니다. 학생들은 노트에 적으며 귀를 기울입니다.

'관자재보살'은 관세음보살과 같은 분이다. 관세음보살은 중생에
게 자비를 베푸는 분이다. 관자재보살은 자성의 반야지혜로 자유롭
게 관찰하는 분이다. 우리가 『반야심경』 지혜를 얻어 관자재보살
처럼 되어야 하는 모델인 분이다. '조견 오온개공'은 오온이 공함
을 터득한다는 뜻이다. '오온'은 색·수·상·행·식을 말한다. 이것
은 우리 육체와 마음을 나누어 하는 말이다. '온'이란 말은 무엇이
모여 쌓였다는 뜻이다.

색-사람의 육신, 수-감수 작용, 상-지각 작용, 행-행동의 의지,
식-의식 작용을 뜻한다. '조견 오온개공'에서 오온은 인연 따라 잠
깐 모인 것이다. 오온은 영원하지 않아 끊임없이 변한다는 이치를
훤히 터득한다는 뜻이다.

이런 진리를 터득하면 일체 고통과 액난을 떠난다는 말이 '도 일
체고액'이다. 사리자는 부처님 제자 중 지혜가 가장 뛰어난 제자이
다. 그러기에 반야의 지혜를 가르치는 경에 사리자가 등장하는 것
이다. 부처님이 사리자를 내세워 이런 진리를 강조하신 것이다.

50분 동안 강의하고 10분간 휴식합니다. 수련생은 평소 외우던
『반야심경』에 이런 깊은 뜻이 숨어 있는 줄 몰랐다는 표정입니
다. 오전 10시에 연이어 『반야심경』을 강의하였습니다. 휴식 후

남학생은 절 주위에 쌓아둔 땔나무를 공양간과 군불 땔 부엌으로 운반하는 봉사를 하였습니다.

수련생 세끼 공양은 공양주 보살님의 지도로 여학생들이 준비합니다. 학생들이 가마솥에 불을 지펴 밥을 지은 경험이 없기에, 공양주 보살님의 지도가 필요합니다. 안 그러면 밥이 고두밥이 되거나 죽밥이 됩니다. 분과별로 서너 명 여학생이 봉사를 합니다. 힘들지만 값진 경험을 하는 셈입니다.

점심 공양을 마치고 오후 일정은 대양루에서 천수경 독경으로 시작합니다. 이어서 108참회 절하기를 세 차례 반복합니다.

오늘 저녁은 수련 마지막 밤이라 철야정진을 합니다. 철야정진은 1080배를 하며 꼬박 밤을 새웁니다. 쉬어 가며 네 시간 이상 계속 절을 합니다. 미리 다리를 풀기 위해 108배를 세 번 계속합니다. 저녁 예불을 마치고 충분한 휴식을 주었습니다.

저녁 9시에 대양루에서 철야정진을 시작합니다. 지금까지 몸이 아픈 수련생이 없어 다행입니다. 수련생에게 철야정진에 대한 설명을 합니다.


선방에서 수행하는 스님들은 일주일 참선으로 용맹정진을 한다. 7일 동안 자리에 눕지 않고 오로지 화두를 들고 몰입하는 기간이다. 도를 깨닫기 위해 육신의 편안을 던져버린 정진이다.

우리는 오늘 하룻밤 잠자지 않고 수련한다. 지레 겁먹지 말고 용기를 내기 바란다. 선생님이 대학 때 체험해 보니, 밤 11시가 지나면서 졸음이 쏟아진다. 그 시간을 참고 넘기면 정신이 맑아진다.

밤 9시를 지나 20분간씩 참선을 두 차례 합니다. 20분 참선을 해도 자세가 상당히 안정적입니다. 수련 영향이 아닌가 싶습니다. 밤 10시에 1080배를 시작할 예정입니다. 몸이 불편하여 1080배를 못 하겠다는 학생을 물었습니다. 모두 참여한다고 대답합니다.

죽비 치는 학생을 세 사람 정합니다. 학생회장, 부회장, 교화부장에게 교대로 맡길 겁니다. 부처님 모신 앞쪽에 남학생을, 뒤쪽에 여학생을 세우고 나는 맨 뒤쪽 가운데 섰습니다. 겨울이라도 땀이 나기 때문에 수건을 방석 위에 깔고, 손수건은 옆에 둡니다. 큰 주전자에 따뜻한 보리차도 준비합니다. 휴식은 세 차례 합니다. 처음 200배 후 10분 휴식, 300배씩 한 후에 휴식 두 차례, 마지막에 200배를 합니다. 휴식시간은 15분씩. 그 시간에 화장실에도 다녀와야 합니다. 죽비로 손바닥을 계속 치면 손이 아파옵니다. 휴식시간 후에 죽비를 교대로 칩니다. 108염주는 내가 잡았습니다. 나는 뒤에서 절하면서 힘들어 하는 학생을 살펴야 합니다. 학생을 인솔하면 무엇보다 안전이 최우선입니다.

수련생들의 긴장 속에 1080배가 시작됩니다. 내가 쥐고 절하는 108염주를 열 번 돌려야 합니다. 석가모니불을 소리 내어 부르면서 절합니다. 염주 두 번 돌리는 216배는 거뜬히 마쳤습니다. 처지는 사람 없이 순조로운 출발입니다. 여학생 중에 남학생 못지않게 다부지게 절하는 아이도 있습니다.

휴식 후에 다시 절을 시작합니다. 겨울 한밤중 대양루 실내는 열기가 조금씩 더해갑니다. 염주를 네 번 돌렸습니다. 다섯 번째로 접어드니 수건으로 땀을 닦는 수련생이 보입니다. 정근하는 목소리가 힘겹게 느껴집니다.

이렇게 합동으로 절을 하면 108배에 15분 정도 걸립니다. 500배를 마치면 1080배의 반이 됩니다. 다섯 바퀴 염주를 끝까지 돌리고 휴식입니다. '와!' 하는 감탄이 들립니다. 힘들다는 의미와 해냈다는 뿌듯함에서 나온 감탄 같습니다. 보리차도 마시고 화장실도 다녀옵니다. 밖엔 바람이 없어 고요한 겨울밤입니다. 하늘에 별이 쏟아질 듯 가까이 반짝입니다. 밖에 나갔다 오니 등에 난 땀이 차게 느껴집니다.

1080배를 해 보면, 600에서 800배 사이가 고비입니다. 세 번째 시작하는 이번이 고비입니다. 다시 절을 시작합니다. 수련생의 원력이 대견하게 느껴집니다. 지금까지 낙오자는 없습니다. 내심 천만다행이라 여깁니다. 시간은 자정을 넘었습니다. 오로지 석가모니불을 부르며 절을 합니다. 모두 지루하게 느꼈을 시간도 흘러 염주 여덟 바퀴를 돌렸습니다.

이제 마지막 휴식입니다. 휴식 때 방석에 드러눕는 학생도 있습니다. 힘들다는 고통 잘 압니다. 휴식 후 마지막 216배를 시작합니다. 이제 얼마 안 남았기 때문에 다소 활기가 돕니다. 정근하는 목소리가 보다 크게 들립니다. 고요한 산사의 새벽, 절을 하며 밤을 새우는 수련생이 미더워 보입니다.

어렵고 힘든 1080배를 끝내고 서서 석가모니불 정근을 합니다. 지친 모습이지만 해냈다는 보람을 느끼는 기색이 역력합니다. 참으로 수고했다는 말로 위로했습니다. 힘들었지만 끝나면 성취감을 맛봅니다.


장소를 옮겨 따듯한 대중방에 모였습니다. 여학생이 준비한 라면으로 야식을 먹습니다. 1080배를 한 후에 라면 야식은 꿀맛입니다. 야식 얼마 후에 도량석하는 스님의 목탁 소리에 이어, 수련회 마지막 새벽 예불을 올립니다. 아침 예불을 마치고 숙소에서 아침 공양시간이 될 때까지 쉬었습니다.

오늘은 수련회를 마치는 날입니다. 오전 9시 대웅전에서 주지 스님이 16명의 수련생에게 계를 설하고, 계첩을 전하면서 법명을 알려 줍니다. 계를 받고 계첩을 받는 수련생은 진지한 표정입니다. 어려운 수련을 거쳐 난생 처음 법명을 받은 수련생들은 감회가 깊은 모양입니다.

수계 후 사용한 대중방, 대양루, 화장실, 세면장과 절 경내 청소를 하였습니다. 11시에 대웅전에서 회향식을 마지막으로 수련회 일정은 끝났습니다. 12시 상을 차려 점심 공양을 마치고, 남녀 학생들이 설거지를 하고 공양간 정리를 끝냈습니다.

이어 주지 스님과 공양주 보살에게 감사하다는 작별인사를 합니다. 며칠 머물던 절이 정든 고향집처럼 포근하게 느껴집니다. 절 마당에서 대웅전을 향해 합장으로 절을 올립니다. 3일 동안 머물

럸던 우리는 절을 나서 다솔사역으로 향해 걸었습니다. 겨울 찬바람이 불어도 마음은 더없이 홀가분합니다.

다솔사 부처님 감사합니다!

# 3. 안양학생회 수련회 국수 파동

경남 양산시 원동면 영포리 신흥사는 영포 마을에서 400m 정도 거리에 있는 고찰입니다. 이틀 전에도 비가 많이 내렸습니다.

수련 참가 학생이 51명, 다행히 출발하는 날엔 비가 개고 햇볕이 쪼입니다. 완행열차로 부산진역을 출발하여 원동역에 도착합니다. 원동역에서 배내골 가는 버스를 놓쳐 각자 짐을 챙겨 걸었습니다. 신흥사까지 3km 정도, 고등학생이라 걷는 건 별로 어렵지 않습니다. 소풍가는 분위기로 남녀 학생들이 함께 걷기 때문에 오히려 좋아합니다. 산야가 푸르고 들판엔 벼가 싱싱하게 자라는 모습을 보며, 비포장도로를 한참 걸어 신흥사 쪽으로 접어듭니다. 신흥사 앞 계곡에는 비에 불어난 냇물이 세차게 소리 내며 흐릅니다.

신흥사에 도착하여 들고 온 짐을 요사채인 화엄전 마루에 놓았습니다. 주지 스님을 찾으니 대밭 옆에 장작 패는 스님이 보입니다. 그 스님께 주지 스님을 뵙고자 물으니, 스님은 빙그레 웃으며, "내가 주지요!" 하시며 땀을 닦으며 화엄전 마루로 오십니다. 학생들이 일제히 "스님 반갑습니다!" 하며 인사를 합니다. 스님은 오느라 수고했다며 미소를 짓습니다. 공양간 앞에 펑펑 쏟아지는 시원한 물에 학생들은 흘린 땀을 씻습니다.

화엄전 마루에 걸터앉아 주지 영규 스님의 말씀을 들었습니다.

이 절은 통도사 말사인데, 몇 년 전까지 대처승이 살았다고 합니다. 절 주변은 사찰 토지였는데, 거의 매각되어 지금은 절 살림이 어렵다고 합니다.

스님께 나는 안양불교학생회를 소개했습니다. 독경테이프로 유명한 성공 스님이 주지인 안양사에서 법회를 본다고 말했습니다. 성공 스님은 통도사와 인연 깊은 스님입니다. 저는 금정중학교에 근무하며 토요일마다 법회를 지도한다고 말씀드렸습니다.

미리 연락받고 준비한 점심을 공양주 보살과 여학생들이 차립니다. 화엄전 큰방과 마루에서 점심 공양 후, 배정받은 방을 남녀로 나누어 배치합니다. 내 가방을 방에 두고, 공양간 앞에서 손을 씻으며 공양주 보살에게 인사를 합니다. 공양주 보살은 법명이 지장화보살이라 합니다. 수련 동안 노고 많겠다며, 학생들을 잘 지도해 달라고 당부했습니다. 50여 명 공양을 준비하는 데 공양주의 도움이 없으면 불가합니다. 매끼 3명 정도의 여학생이 공양주 보살님의 지도로 공양 준비를 도울 겁니다.

학생들은 모두 화엄전에 모여 보시에서 지혜까지 육바라밀 따라 6개 반으로 나누었습니다. 반장도 정하고 명찰을 수련 기간 동안 달도록 지도합니다. 세 분과는 8명씩, 세 분과는 9명씩 편성하니 51명이 됩니다. 수련분과는 아주 중요한 기능을 합니다. 방 청소, 화장실 청소, 공양 배식, 제초 작업, 공양간 봉사 같은 일을 분담합니다. 노스님이 한 분 계시지만, 주지 스님이 절 일을 처리하니, 수련생 지도는 고스란히 내가 맡아야 했습니다.

입재식 전 2시 20분, 수련생은 법당에 집합했습니다. 주지 스님을 모시고 삼귀의를 시작으로 입재식을 진행합니다. 법당 문을 다 열어도 더위는 사람을 괴롭힙니다.

오늘 여기 모인 여러분은 참으로 복이 많습니다. 고등학생 때 불교를 공부하는 사람은 정법을 일찍 만난 사람입니다. 전생에 선업을 지었기에 이런 인연을 만난 것입니다. 불교는 자신이 노력한 만큼 부처님의 가피를 입습니다. 훌륭한 성공 스님과 선생님 가르침을 잘 따르면 인생에 크나큰 도움이 될 것입니다. 공부에도 많은 도움이 됩니다.

보다시피 신흥사는 오래된 고찰입니다. 대웅전 흙벽에 그려진 벽화는 그 섬세함이 문화재 가치가 충분합니다. 산이 깊고 계곡물이 풍부한 이 도량에서 열심히 수행하기 바랍니다. 3박 4일 동안 수련에 불편이 없도록 절에서 돕겠습니다.

스님 말씀에 우리는 박수를 치고 합장 인사를 합니다. 입재식이 끝나고 그 자리에서 수련 중 지킬 사항을 전달합니다.

○ 법당 출입할 때 합장 반배를 하고 발뒤꿈치를 들고 걷는다.
○ 스님이나 보살님을 만나면 합장 반배로 인사한다.
○ 야간에 절 밖 화장실에 갈 땐 반드시 손전등을 들고 간다.
○ 각 반장은 모일 때마다 인원을 파악한다.

○ 발우공양은 배운 대로 순서에 따라 진행한다.

○ 청소와 공양 배식, 공양간 봉사는 분과별로 담당한다.

○ 강의시간에는 필기구를 준비하여 메모한다.

○ 취침 후에는 절 경내를 돌아다니지 않는다.

○ 선생님 허락 없이 냇가에 가서 절대 수영하면 안 된다.

신흥사에서 100m 정도 올라가면 계곡에 깊고 너른 웅덩이가 있습니다. 점심 공양 후 미리 살펴보았습니다. 비가 내려 물이 깊고 물살이 거칩니다. 여름철 더우니까 남학생들이 물에 뛰어들 우려가 있습니다. 언제나 학생을 인솔하면 안전사고 예방이 먼저입니다.

4시부터 화엄전 큰방에서 발우공양 습의와 예불문 연습을 하였습니다. 해마다 여름·겨울 수련을 하여 발우공양을 아는 학생들이 많습니다. 하지만 1학년은 수련이 처음이라 또 지도를 해야 합니다. 오늘 저녁부터 발우공양을 한다고 알렸습니다.

보시반에서 저녁 공양 준비 여학생 3명을 공양간에 보냈습니다.

예불문도 발우공양과 마찬가지로 1학년만 모릅니다. 2·3학년이 예불문을 알기 때문에 지도가 보다 수월합니다. 화엄전 큰방에도 부처님을 모셔 놓았습니다. 예불문은 목탁을 치고 절을 하면서 가르치는데, 두 번 반복하니 따라할 정도입니다.

회장이 와서 오늘 점심은 국수를 준비했다 합니다. 발우공양 때
처럼 앉아 한 사람씩 나가서 국수를 배식 받습니다. 국수는 밥처
럼 배식이 안 됩니다. 배식이 다 끝나고 공양게송을 외고 공양을
듭니다. 끝나는 죽비를 치고 공양을 마쳤습니다. 공양 후 지계반
남학생에게 큰방 청소를 시켰습니다.

그때 공양간 쪽에서 여학생이 와서, 스님이 선생님을 찾는다 합
니다. 학생 따라 공양간 앞에 가니 스님이 물 빠지는 개수구 앞에
앉아 계십니다. 물 빠지는 구멍에 찌꺼기 걸리는 굵은 원형철사가
놓여 있습니다. 거기 국수 가락이 하얗게 걸려 있습니다. 스님은
먹는 공양물을 이렇게 버려서 되느냐고 내게 묻습니다.

나는 합장하여 "모두 거두어 먹겠습니다. 스님! 죄송합니다." 하
고 합장합니다.

스님 뒤에 공양 준비한 학생은 고개를 숙이고 있습니다. 학생에
게 양푼을 갖고 와서, 국수 가락을 건지게 합니다. 건진 국수 가락
의 양은 얼마 되지 않습니다. 국수 가락을 깨끗이 헹구어 그릇에
담았습니다.

바로 회장·부회장·총무를 불렀습니다. 세 사람은 고개를 숙이
고 내 앞에 앉습니다.

"너희가 국수를 흘린 건 아니지만, 나와 함께 책임이 있다. 내가
한 젓가락 먹고 나면 셋이서 나누어 먹어라. 절에서 곡식을 한 톨

이라도 흘리면 혼나는 법이다.”

내가 먼저 몇 가락을 집어 먹고 나머지는 셋이 먹었습니다. 맑은 물이 계속 흐르기 때문에 위생상 불결한 건 없습니다. 발우공양 지도할 때, 쌀 한 톨의 중요성을 강조합니다. 여학생들이 국수를 씻으며 물을 따르다 흘린 것을, 줍지 않아 꾸지람을 들은 겁니다.

이 사건으로 모든 수련생이 곡식의 중요성을 절실히 느꼈을 겁니다. 오히려 스님의 지적을 감사하게 생각합니다. 공양에 대한 가장 효과적인 교훈을 얻었기 때문입니다.


촛불명상은 학생들이 인상 깊은 수련 소감을 말하는 시간입니다. 시작하며 전등불을 끕니다. 캄캄한 방, 먼저 교사가 촛불을 붙여 좌우 학생에게 불을 붙입니다. 양쪽에서 차례로 하나씩 촛불이 번져갑니다. 종이컵 밑 촛불을 쥐고 가까이 하면 얼굴만 환히 보입니다. 분위기가 숙연하고 침묵으로 변합니다.

촛불을 다 붙이면 맨 끝에서 좌우로 번갈아 소감을 말합니다. 소감을 말한 사람은 촛불을 끕니다. 다양한 소감을 듣습니다. 새벽 3시 기상의 어려움, 1080배를 해낸 뿌듯함, 범종 소리의 감동도 이야기합니다.

맨 마지막 나의 촛불만 남았습니다. 이런 수련은 평생 잊지 않고, 힘들 때 활력소가 될 거라 격려했습니다. 내가 촛불을 끄자 방 안은 다시 캄캄합니다. 형광등 스위치를 넣어 불을 켭니다. 학생들 표정엔 감동의 여운이 어리었습니다.

고등학교 때 1080배를 체험하면 어른이 되어도 자신감을 갖습니다. 수련이 학생의 인생에 긍정적 영향을 주는 기회임에 틀림없습니다. 수련 마지막 날엔 오전에 수계식을 합니다. 수계식을 마치면 수련회 일정은 모두 끝납니다.

신흥사 수련 후 26년이 흐른 2013년 11월 16일 토요일입니다.

1977년부터 15년 동안 내게 불교를 배운 제자들이 선생님을 모신다는 연락이 왔습니다. 장소는 동래 지하철 부근 '동보성'이라 합니다. 저녁 7시 동보성에 도착하니 입구에 제자들이 서서 기다립니다. 동보성 중국집 2층과 3층을 모두 예약했다고 합니다.

3층에 가니 부산여상에 근무하던 권용술 선생님이 먼저 와 있습니다. 권 선생님은 나보다 연장자입니다. 10여 년 만의 만남입니다. 서로 손을 굳게 잡고 놓을 줄 모릅니다. 선생님 모습에 연륜이 쌓였습니다. 나도 역시 그러하지만.

잠시 후 동호여상에 근무하던 김원수 선생님이 왔습니다. 김 선생님은 금년에 정년퇴임했습니다. 원탁 하나에 여덟 개의 의자가 놓였습니다. 흰 머리카락이 보이는 제자들이 있습니다. 제일 선배인 1기 졸업생에게 나이를 물으니, 56살이라 합니다. 나와 열두 살 차이입니다.

1기는 1977년 그들이 고교 3학년 때, 내가 처음 만난 학생들입니다. 무려 36년이란 세월이 흘렀습니다. 함께 걷는 인생길이란 생각이 듭니다. 참석자는 모두 명단을 적었습니다. 참석자가 130

여 명이라 합니다. 끈끈한 결집력이 미친 영향입니다. 고교 때 함께 배운 불교 인연이 그리움으로 만난 것입니다.

안양불교학생회 4기 졸업생 김병태 군의 사회로 행사가 시작됩니다. 개회 선언 후 바로 선생님들 인사말씀을 듣겠답니다.

선생님들은 지난날 지도하던 일을 회고했습니다. 참으로 감회 깊은 만남입니다.

제자들 자녀가 대학 졸업 후 직장에 다닌다 합니다. 기수별 회장, 등산모임 회장, 이 행사를 추진한 동문을 소개합니다.

'와!' 하며 박수가 터져 나옵니다. 이런 자리를 마련한 데 대한 감사의 박수라 여깁니다. 취향 따라 맥주·소주·음료수 잔을 들고 '안양 동문회를 위하여!'를 외칩니다.

꿈꾸며 부풀던 고교생들이 중년의 신사·숙녀로 변했습니다. 끊임없이 제자들과 이야기꽃을 피웁니다. 유쾌하고 즐거운 밤입니다.

지난날을 회상하면 자연스레 수련회가 화제에 오릅니다. 밤 9시가 넘어 행사가 끝났습니다. 제자들은 2차로 간다며 우리를 끌어당깁니다. 선생님들은 제자들끼리 2차로 가라하고, 아쉬운 손짓으로 헤어졌습니다.

신흥사 수련회 국수 가락 에피소드는 잊을 수 없는 추억입니다. 지금도 제자들이 모여 그 애기를 하면 배꼽잡고 웃습니다. 학생들과 어울려 보낸 세월, 그 보람은 생생한 기억으로 살아 있습니다. 애들아! 행복하게 잘 살아! 36년 전을 회상하며 택시에 올랐습니다. 순간, 인연이란 참 묘하다는 생각이 뇌리를 스칩니다.

# 4. 법해사 전일제 클럽활동

2001년 새 학기가 시작되었습니다. 올해부터 중학교는 전일제 클럽활동을 시행합니다. 종전에 클럽활동은 일주일에 한 시간씩 실시하였습니다. 올해부터 마지막 토요일 수업을 하지 않고, 4시간 연속 진행합니다.

나는 평소 참선을 하기 때문에 명상수련반을 맡았습니다. 학년 구별 없이 24명의 학생이 지원했습니다.

3월 마지막 토요일 새 학기 첫 클럽활동 날입니다. 교실에서 학생들 얼굴도 익히고 수련반 운영에 대해 안내합니다. 아이들에게 학교 법당에서 수련을 할지, 학교 밖 절에서 하면 좋은지 의견을 물었습니다. 아이들은 밖에 있는 절에 가자고 합니다. 모두 학교를 벗어나고 싶은 마음입니다. 4월 달부터 밖에 있는 절에 가기로 약속했습니다. 아이들이 좋아하며 '와!' 소리를 지르며 박수를 칩니다.

첫날은 부처님의 일생을 간단히 설명하였습니다. 부처님은 앞으로 왕위를 이을 태자였는데, 인생의 고통을 느끼고 출가하였습니다. 네란자라 강변의 숲속 보리수나무 아래서 6년 고행하여 진리를 깨달아 붓다가 되었습니다. 그때 부처님이 앉아서 수행한 것이 바로 명상입니다.

우리가 하는 명상은 부처님이 하신 것을 좀 쉽게 바꾼 것입니다.

숨을 천천히 들이쉰 후 천천히 내뱉으며 '하나' '둘' '셋' 숫자를 헤아리는 수행입니다. 이렇게 열까지 헤아리면, 다시 하나에서부터 열까지 헤아리기를 계속 반복합니다. 이런 수행을 수식관數息觀이라 합니다.

정신을 고요히 집중하여 이렇게 숫자를 헤아리는 사이에 마음이 잔잔해집니다. 오직 숫자 헤아리는 데만 정신이 쏠리면 생각이 끼어들 틈이 없습니다. 이것이 마음을 고요히 하는 명상입니다. 거듭하여 익숙해지는 훈련이 명상수련입니다.

너희들이 이런 명상수련에 익숙해지면, 공부할 때 집중력이 매우 높아진다. 무엇을 암기할 때 기억력도 좋아지고, 문제를 풀 때 힌트도 쉽게 떠오른다.

아이들은 잘 믿어지지 않는다는 표정으로 설명을 듣습니다. 10분간 휴식시간이 끝나고 둘째 시간이 되었습니다. 우선 명상수련반을 대표할 반장과 총무를 뽑아야 합니다. 3학년 중에서 추천을 받아 반장과 총무를 정하였습니다. 반원들에게 학번, 성명, 집 전화번호를 적어서 모았습니다. 이것으로 출석부를 만들 것입니다.

다음 시간에는 한 사람씩 앞에 나와 각자 자기소개를 하였습니다. 출신 학교, 사는 동, 학년과 학반을 말하고, 자기 특기를 말하라 하였습니다. 대부분 특기가 축구·야구·태권도입니다. 학생들은 공부보다 운동을 더 좋아합니다. 이것은 공부보다 놀기가 좋다는 말과 통하지요.

그때 1학년에서 로봇춤을 잘 추는 아이가 있다고 합니다. 그 아이에게 시범을 한번 보여 달라 했습니다. 앞에 나오더니, 양팔을 옆으로 벌리고 팔다리를 로봇처럼 춤을 춥니다. 고개마저 로봇처럼 각도를 지어 전후좌우로 꺾습니다. 교실은 왁자지껄 웃음바다가 됩니다. 박수치는 아이들도 있습니다. 로봇춤을 보인 학생에게 박수를 보냅니다. 이렇게 오늘 명상수련반 첫 모임은 끝났습니다.

다음 달엔 가까운 구서동 법해사에서 수련을 한다고 예고하였습니다. 법해사 주지 스님을 잘 알기에, 말씀 드려 허락을 받을 예정입니다. 명상수련반을 흥미롭게 지도해야겠다는 생각이 듭니다.


신록이 우거지는 4월 하순 마지막 토요일입니다. 오전 8시 40분, 학교에 모인 학생들을 인솔하여 버스로 법해사로 갔습니다.

법해사는 구서동 선경아파트 위, 산복도로 옆에 위치한 절입니다. 비구니 탄준 스님이 주지를 맡고 있는 범어사 말사입니다. 범어사가 설립한 학교라 사찰 섭외에 어려움은 없습니다. 주지 스님은 학생들이 명상하러 오면, 음료수를 준비해 두겠다고 약속하였습니다.

학생들을 절 마당에 잠깐 머물게 하고, 주지 스님께 먼저 인사를 하였습니다. 그리고 조용히 법당으로 데리고 들어갔습니다. 법당 한가운데를 피하여 양쪽에 방석을 깔고 내가 치는 목탁에 맞춰 삼배를 올립니다. 먼저 대웅전에 모신 부처님과 탱화에 대하여 간략히 설명합니다.

대웅전이라는 현판이 붙으면 주불은 석가모니 부처님입니다. 원칙은 석가모니 부처님 왼쪽에 문수보살, 오른쪽에 보현보살을 모십니다. 이렇게 모신 법당이 대웅전 삼존불입니다.

그러나 우리나라 불교 현실에 따라 왼쪽에 관음보살, 오른쪽에 지장보살을 모신 대웅전도 더러 있습니다. 관음신앙과 지장신앙이 오랜 역사와 더불어 발달하였기 때문입니다.

법해사 대웅전도 석가모니 부처님과 관세음보살·지장보살을 모셨습니다. 본존불 뒤 탱화는 석가모니불과 관음·지장보살과 부처님 10대 제자를 조각으로 조성하여 모셨습니다.

대웅전 왼쪽의 신장들도 조각으로 조성된 신중단입니다.


○ 절에서 진행하는 명상수련 순서
예불 – 반야심경 – 명상에 대한 설명 – 명상 실습 – 다음 수련 공지


교사가 법당 가운데서 목탁을 쥐고 진행합니다. 경건한 마음으로 예불을 올립니다. 선 채로 『반야심경』을 암송합니다. 이런 의식은 아이들 마음을 차분하게 만드는 과정입니다.

법당에 모신 불상에 대하여 설명합니다. 여래의 불상을 보면 목 밑에 세 개의 둥그런 테가 있습니다. 이것을 3도라 합니다. 그러나 보살의 불상을 보면 3도 대신 목걸이 같은 장식이 조각되어 있습

니다. 이것은 영락이라 합니다. 여래의 불상에는 영락을 조각하지 않습니다. 이 3도와 영락으로 여래와 보살상을 구분하는 기준으로 삼지요.

"자, 법당 좌대 위에 계신 부처님을 보아요. 어떤 자세로 앉아 계시나요? 가부좌 자세로 앉아 계시죠."

가부좌는 결가부좌와 반가부좌가 있습니다. 결가부좌는 초보자에겐 조금 힘듭니다. 오른쪽 발을 왼쪽 허벅지 위에 올리고, 왼쪽 발을 오른쪽 허벅지 위에, 발목이 X자가 되도록 포개는 방법입니다.
다음은 반가부좌. 먼저 오른발을 방석 위에 놓고 왼발을 오른쪽 허벅지에 올립니다. 이런 자세가 반가부좌입니다. 반가부좌가 여러분이 명상할 때 앉을 자세입니다. 그 다음 학생들에게 실제로 반가부좌로 앉게 하였습니다. 명상하는 자세를 순서대로 설명합니다.

① 허리를 곧게 세우고, 아랫배에 지그시 힘을 넣는다.
② 두 손은 엄지손가락을 가볍게 맞대어 배꼽 밑에 둔다.─선정인
③ 어깨를 부드럽게 하고, 목을 바로 세워 턱을 약간 끌어당긴다.
④ 입을 꼭 다물고 혀끝이 입천장에 닿도록 한다.
⑤ 눈을 가늘게 뜨고 무릎 앞 1.5m 정도에 시선을 둔다.
⑥ 숨을 천천히 들이쉬어 아랫배에 멈추었다, 더 천천히 내쉰다. 들이 쉬었다 내쉬는 숨을 하나로 계산한다.─단전호흡

⑦ 숨 쉬는 숫자를 하나에서 열까지 헤아리기를 반복한다.

⑧ 호흡 숫자를 헤아리다, 헷갈리면 다시 하나부터 시작한다.


부처님을 보고 앉은 학생들, 나는 마주 보고 앉았습니다. 먼저 시범을 보여 주면서 하나하나 따라 하도록 합니다. 죽비를 세 번 치고 명상을 시작합니다.

10분 동안 명상을 하고, 죽비를 한 번 쳤습니다. 학생들은 다리부터 먼저 뻗었습니다. 처음 명상을 하면 5분 정도 지나 다리가 아파옵니다.

절에서 갖는 첫 명상이라, 명상 후에 20분 정도 설명을 하였습니다. 이렇게 10분씩 세 차례 명상을 하고 나니 12시가 넘었습니다. 중학생이지만 1학년은 아직도 어린이 티가 남아있습니다. 그래도 가르쳐 준 대로 앉아 명상하는 모습을 보니 의젓해 보입니다.


세 차례 10분씩 명상을 마쳤습니다. 가볍게 몸을 풀고 일어나, 두 손을 맞잡고 나를 따라 법당을 걷습니다. 24명의 학생들이 줄을 지어 천천히 움직입니다. 포행 또는 경행이라 하는데, 발과 다리를 풀어주는 걷기입니다.

명상을 끝마치고 학생들과 1층 대중 방으로 내려갔습니다.

주지 스님이 과일과 우유를 공양하는 상 위에 차려 놓았습니다. 우유는 하나씩 주고, 다섯 개의 쟁반에 담긴 과일을 둘러 앉아 함께 먹었습니다.

주지 스님께 감사 인사를 하러 갔습니다. 스님은 방을 나오며, 학생들이 절에 와서 반갑다면서 웃음을 띠었습니다.

학생들에게 합장으로 주지 스님께 감사 인사를 하도록 시켰습니다. 학생들이 "스님, 감사합니다!" 하고 꾸벅 인사를 올립니다. 스님도 웃는 얼굴로 합장하며 인사를 받습니다.

절에서 나와 일주문 밖 도로 건널목에서 학생들과 신호를 기다립니다. 버스를 탈 학생은 법해사 앞 정류소에서 버스를 기다립니다. 지하철을 탈 학생은 나와 함께 남산동 지하철역까지 걸었습니다. 도로변 아파트 울타리 안에 영산홍이 붉게 피어 봄 햇살에 수런대고 있었습니다.

# 5. 혜원정사 명상수련 실습

혜원정사 대웅보전

5월 달에는 배산 남서쪽 연산동 혜원정사에서 수련하기로 하였습니다. 이 절은 1979년부터 매일 새벽 내가 108배 참회기도 하는 곳입니다. 주지 원허 스님께 5월에 육화전에서 명상반 학생을 지도하겠다는 허락을 받았습니다. 학생들이 절 위치를 모르기에 학교에서 8시 40분에 집합하였습니다. 아이들을 인솔하여 지하철을 타고 연산역에 내렸습니다. 절까지 800m 정도 거리를 함께 걸어갑니다. 혜원정사 일주문 바로 앞이 연산중학교 담장입니다.

일주문을 지나 사천왕문에서 모두 합장하고 절에 들어갔습니다.

이 절 사천왕은 무서운 모습 대신, 특이하게 빙그레 웃는 표정입니다.

육화전에 조용히 들어가 부처님께 삼배를 하고 방석을 깔고 앉게 하였습니다. 육화전에는 중앙에 아미타불과 좌우에 관세음보살과 지장보살을 모셨습니다. 그 오른쪽에 탱화로 된 신중단이 자리하고 있습니다.

조금 지나니 이 절에서 중학생을 지도하는 임수영 선생님이 왔습니다. 임 선생은 현직 교사는 아닙니다. 조계종 포교사로 토요일 오후에 중학생 법회를 지도하는 여성 불자입니다. 임 선생님을 아이들에게 소개하니, 학생들이 "반갑습니다." 하고 인사합니다. 임 선생은 주지 스님의 배려로 우유와 초코파이를 준비해 두었다 합니다. 먹는 거라면 좋은지 아이들이 박수를 칩니다.

육화전은 200명 정도 앉을 수 있는 큰 법당입니다. 법당 중앙 오른쪽에 24명이 줄을 맞추어 앉았습니다. 내가 목탁을 쥐고 일어서서 예불을 올리고 『반야심경』을 봉송하였습니다. 방석에 앉히고 명상수련에 대한 설명을 했습니다. 임 선생은 학생들 맨 뒤에 앉아, 내가 지도하는 모습을 보고 있습니다. 오늘은 명상의 필요성에 대하여 이야기했습니다.


우리 생각은 알게 모르게 계속 나뭇가지처럼 연결되어 일어난다. 깨어 있으면서 이런 생각을 딱 멈출 수가 없다. 이런 걸 꼬리를 물고 생각이 일어난다고 한다. 명상은 한마디로 생각을 딱 멈추거나

한 곳에 집중하는 훈련이다. 생각은 그냥 멈추어지지 않는다.

마치 렌즈의 초점처럼 생각을 한 곳에 집중해야 한다. 초보적인 초점 모으기가 숫자를 세는 방법이다. 돋보기 같은 볼록렌즈는 햇빛을 쪼이면 초점에서 불이 붙는다. 렌즈에 비친 햇빛이 한 곳에 모이기 때문이다. 평면 유리는 햇빛이 흩어져 투과하기에 불이 붙지 않는다. 불이 붙는 현상은 열에너지라 할 수 있다.

이처럼 우리 정신이 한 곳에 집중되면 정신 에너지가 강해진다. 따라서 무엇을 하든지 집중할 수 있게 된다. 여러분이 수업시간에 정신이 집중되면, 공부도 잘 되고 기억력도 좋아진다. 스님들은 이렇게 정신을 집중하여, 자기 마음이 어떤지 깨닫고자 한다.

우리가 그렇게 하기는 어렵고, 우선 정신을 집중하는 연습을 하는 것이다. 자, 그럼 지난달에 말한 대로 방석에 앉는 자세를 잡아 보아라.


한창 뛰놀기 좋아하는 중학생인데, 명상만 시키면 싫증을 낼 것 같은 생각이 들었습니다. 그래 화두 이야기를 들려주었습니다.


옛날 중국 당나라 때 유명한 조주趙州라는 스님이 있었다. 조주 스님은 오랜 세월 참선을 하여 마음을 깨달은 뛰어난 분이었어. 그 분은 나이가 120세까지 살았던 스님이었다. 어느 날 어떤 젊은 스님이 조주 스님에게 와서 질문을 하였다. "스님, 개도 불성이 있습니까?" 그러자 조주 스님은 "무無"라고 대답하였다.

부처님은 일체 생명체는 모두 불성을 가졌다고 가르쳤는데, 조주 스님은 왜 "무無"라 했을까? 이것이 유명한 '조주 무자 화두'라는 것이다. 이때의 '무'를 있다거나 없다는 뜻으로 생각하면 안 된다. 그 질문에 '조주 스님이 왜 무라고 했을까'를 골똘히 생각하는 의심이 무자 화두 드는 법이란다. 무라고 말한 조주 스님의 마음을 알기 위해 의심하는 거란다. '왜 무라 했을까? 왜? 왜?'이런 의심에 오로지 정신을 집중하면, 이것을 화두를 든다고 한다.

조주 스님은 80살까지 이곳저곳으로 다니며 참선을 가르쳤습니다. 그 후 관음원이란 절에서 제자를 가르치며 선풍을 드날린 선의 거장이었습니다. 참선하는 스님들 중에 조주 스님의 무자 화두를 드는 스님들이 많다고 합니다.

중학생들이 이런 무자 화두를 들기엔 아직 너무 버겁습니다. 그래 다시 숫자를 세는 명상을 하기로 하였습니다. 학생들이 명상 자세로 앉게 한 다음, 죽비를 세 번 칩니다. 이번엔 20분 동안 명상합니다. 마주 앉아 명상하면서 나는 한 번씩 학생들을 바라봅니다. 몇 명이 자세가 조금 흐트러졌지만 그냥 두었습니다. 학생들이 명상하는 20분이 얼마나 길게 느껴지는지 잘 이해합니다. 익숙해지기 전에는 보통 힘든 일이 아닙니다. 향 냄새가 은은한 법당에 가만히 앉아 명상하는 학생들이 그래도 대견하다는 생각이 듭니다.

20분이 지나 죽비를 쳤습니다. 힘들었는지 몇 명은 '아휴!' 한숨을 쉬었습니다. 마치고 나서 충분히 몸을 풀게 하였습니다. 시간이

12시가 넘었으니, 오늘 명상수련은 이로써 마쳐야겠습니다.

"한 달에 한 번씩 다가오는 명상수련 때만 하면 힘이 든다. 집에서 시간 날 때 5분이라도 명상 연습을 하기 바란다."

수련이 끝나자 임수영 선생이 우유와 초코파이를 가져왔습니다. 우유 한 개와 초코파이 한 개씩 나누어 주었습니다. 아이들은 나누어 준 간식을 맛있게 먹고 육화전을 나섭니다. 대웅보전을 향해 마당에서 합장 인사하고 천왕문을 지납니다. 연산역까지 가는 길에 신호등이 많아, 내가 함께 걸었습니다. 신호등이 깜빡일 때 마구 뛰는 아이들이 있기 때문입니다. 선생님이 동행하면 그런 행동은 하지 않습니다.

연산역 입구에서 아이들을 보내고 집으로 돌아왔습니다. 내게 명상을 배우는 학생들이 착하게 자라기를 바랍니다. 절 뒤쪽 신록 우거진 배산이 5월 햇살에 한층 싱그러움이 더해 보입니다.

제 4 장

# 부처님의 자비 가르침

# 1. 이름난 3대 관음기도 성지

남해 금산 보리암 관세음보살상

우리나라 여러 절에는 관세음보살을 모신 관음전이 있습니다. 불교도들은 이름난 관세음보살 기도처로 세 군데를 꼽습니다. 동쪽·서쪽·남쪽에 한 군데씩 자리 잡고 있습니다.

동해는 강원도 양양군 바닷가에 위치한 낙산사 홍련암, 신라시대 의상대사가 관세음보살 기도를 올리고 세운 암자입니다. 산마루에 높이 세운 해수관음은, 망망한 동해 바다를 굽어보고 서 있습니다.

서해는 강화도 건너 석모도에 자리한 보문사, 강화도까지는 다리가 놓여 있고, 석모도에는 차량과 사람을 싣고 가는 배편이 있습니다. 위치상 서울·경기·충청 지역의 불자들이 많이 찾는 기도도량입니다. 보문사 위쪽에 오르면 바위에 새겨진 마애불이 계십니다.

남해는 금산 정상 아래 자리 잡은 보리암, 보리암에 오르면 다도해 섬들이 발아래 한눈에 들어옵니다. 산 위에 남해 바다를 굽어보는 관세음보살이 모셔져 보살님 앞에 기도하는 불자가 끊이지 않습니다.

세 곳 관음도량에는 언제 가 보아도 기도하는 사람들이 넘쳐납니다. 어떤 때는 법당에서 자리 잡고 절을 할 수 없을 만큼 사람들이 붐빕니다. 법당에는 일 년 내내 기도 스님의 목탁 소리가 끊이질 않습니다. 초심자들이 이런 기도처에 참배하면, 한층 신심이 굳어집니다. 땀에 젖어 기도하는 사람을 보면, 신심을 느끼게 마련입니다. 옆에서 보면 힘들어 보이지만 기도하는 사람은 환희심으로 절하기 때문에 그리 힘들지 않습니다.

기도에 탄력이 붙으면 절하는 동작이 일정하게 지속됩니다. 입으로는 계속 관세음보살을 부르며 절을 합니다. 익숙한 신도는 두 시간 남짓하면 1080배를 거뜬히 마칠 수 있습니다.

1080배를 올리고 나면 마음속에 잔잔한 기쁨이 일어납니다. 염주를 내려놓을 때의 홀가분한 성취감! 체험해 보지 않은 사람은 느낄 수 없습니다. 기도는 불자들의 삶에 활력을 불어넣는 중요한 체험입니다. 경험한 사람은 다시 기도를 시작하곤 합니다. 이른바 기도에 재미를 붙이고 가피를 입은 사람입니다.

요즘 불교교양대학에서 기본교리와 신행활동을 배우는 불자들이 많이 늘었습니다. 따라서 기도정신이 보다 향상된 수준에 이르렀습니다. 마음 깨닫는 기도를 하며, 복을 빌기 위해서만 하지 않습니다. 수많은 세월 알게 모르게 지은 업장을 소멸하는 기도를 하며, 자신의 평화와 행복을 찾는 기도를 합니다. 새로운 마음으로 삶을 개척할 희망으로 기도하는 원력은 발심한 보살정신입니다. 중중무진한 연기로 연결된 진리 세계를 이해했기 때문입니다.

우리 사회는 혼자 사는 세상이 아니라 수많은 사람들이 서로 어울려 함께 사는 사회입니다. 이런 실상을 부처님이 깨달은 연기의 세계라 합니다.

관세음보살의 기도도 처음엔 도움을 바라는 마음으로 시작합니다. 계속하면 관세음보살 같은 원력을 세우려는 발심이 됩니다. 이런 사람은 무언가 남에게 도움을 주고, 봉사하려는 정신이 싹틉니다. 이른바 보살행의 실천입니다.

대승불교가 널리 추구하는 원력이 보살행입니다. 선행은 작은 일부터 시작해야 합니다. 지하철이나 버스에서 노약자에게 자리를 양보하는 일도 좋은 일입니다. 만나는 이웃과 밝은 인사를 나누는 행동 또한 정겨운 보살행입니다. 좋은 일, 착한 일이 모두 보살행의 씨앗입니다.

작은 선행이 모이면 더 큰 보살행의 원동력이 됩니다. 남을 돕는 일이나 봉사정신은 보살행의 싹입니다. 나와 남을 동등하게 생각하고 배려하는 마음을 가꾸어야 합니다. 보살행을 실천하는 사람이 많으면, 우리의 내일은 보다 명랑한 세상으로 다가올 것입니다. 보살행을 꿈꾸며 관음기도를 합시다.

## 2. 생명이 소중한 자비심

밤이 지나고 새벽이 얼굴을 내밀면 서서히 동녘이 밝아옵니다. 세상 사람 누구에게나 밝아오는 아침입니다.

아침을 맞는 사람의 사정에 따라 희망이나 설렘, 때로는 걱정스런 하루가 됩니다. 좋은 일이 기다리는 사람은 희망이나 설렘으로 아침을 맞이합니다. 그날까지 밀린 이자나 빚을 갚아야 하는 사람은 걱정스런 하루가 됩니다. 병원에 질병 검사가 예약된 사람에겐 조금 불안이 앞섭니다.

사람들의 희망이나 걱정을 모르는 찬란한 아침 해는 어김없이 점점 솟아오릅니다. 살아가는 사람들에겐 그날 할 일이 기다리고 있습니다.

아침 해가 동쪽에서 떠오르는 현상은, 지구가 서에서 동으로 자전하기 때문입니다. 떠오르는 밝은 해를 바라보는 사람들은 지구의 자전을 생각하기 전에 해가 점점 솟아오른다고 느낍니다.

인류의 지식은 오늘날 생활에 필요한 과학 기술의 발달을 이룩했습니다. 그로 인하여 인간 생활은 엄청나게 편리해졌지만 삶의 현장에는 지식보다 느낌이 우리에겐 친숙합니다. 세상 사람들은 누구나 행복을 바라지만 행복은 거저 주어지는 것이 아닙니다. 행복은 맞이할 준비를 하는 사람에게 말없이 다가가는 속성이 있습니다.

태양빛은 삼라만상을 골고루 비추지만, 항아리 밑에는 미치지 못합니다. 햇볕이 사람·동물·식물을 고루 비치는 현상이 평등입니다. 착한 사람, 나쁜 사람, 큰 사람, 작은 사람 가리지 않고 고루 비춥니다. 어린이나 노인에게도 밝게 햇볕을 쏟아 주며, 아시아·아프리카, 산·바다에도 고루고루 비추어 주는 참으로 절대 평등의 경지입니다. 엎어진 항아리 밑이나, 지하실이나, 빽빽한 밀림 속에는 햇볕이 미치지 못합니다. 그것은 햇볕의 불평등이 아니라, 햇볕을 받아들일 조건을 갖추지 못한 때문입니다.

그렇다면, 우리가 원하는 행복을 위해 어떤 좋은 방법이 없을까요? 성인들은 평화롭게 살 수 있는 여러 도리를 가르쳤습니다. 우리는 그 가르침을 예사로 생각하고 따르지 않으며 삽니다. 내 편리한 대로 사는 습성 때문에, 행복을 제대로 누리지 못할 뿐입니다.

한 50년 넘게 사신 분들은 우리 삶을 다양하게 이해합니다. 인생살이가 원하는 대로 되지 않는 현실을 오랜 경험으로 터득했기 때문입니다. 50대의 인생을 하루에 비하면, 정오를 지나 석양으로 기우는 사실도 절실히 느낍니다.


이런 인생을 불교에서 찾을 수 있는 어떤 방법이 없을까요? 분명히 그런 방법이 있습니다.

부처님 가르침이 새로이 관심을 끌고 있는 까닭은 바로 우리 삶에 변화와 생기를 줄 수 있다는 기대 때문입니다. 젊었을 때 우리는 삶을 좋은 방향으로 바꿀 준비를 해야 합니다. 그러면 훨씬 더 보람을 느끼며 보다 행복한 삶을 만날 수 있습니다. 각자 얼마나 정성을 다하여 삶을 행복한 방향으로 바꾸려 하느냐에 달렸을 뿐입니다.

불교는 세상사 모두 마음에 달렸다고 가르칩니다. 살아 숨 쉬는 일부터 감사하라고 가르칩니다. 누구나 이 세상에 홀로 사는 존재가 아니라는 진리를 강조합니다. 서로가 많은 은혜를 입고 살아가는 현실을 바로 보도록 일깨웁니다. 이것을 부처님이 깨달은 진리, 곧 연기법이라 합니다. 연기법은 세상의 현상이 서로 밀접한 관계 속에서 생성·변화·소멸된다는 진리입니다.

태어난 것은 언젠가 죽어야 한다는 전제입니다. 생명 가진 존재 중에 죽지 않는 것이 있습니까?

청소년이나 젊은이들은 죽음이란 말이 달갑지 않을 겁니다. 그렇다고 죽음이 우리를 비켜갑니까? 불교는 우리가 언젠가 죽어야 할 존재라는 사실을 터득하는 데서 출발합니다. 적어도 불교 믿음의 출발은 분명 그러합니다.

역설적으로, 죽어야 할 존재이기에 오늘 하루가 너무 소중합니다. 그러기에 남에게 잘해 주고 미소 지으며, 행복하게 살려고 노력합니다.

우리 사회에서 실천하는 여러 봉사활동은 매우 소중합니다. 봉사하는 사람은 누구나 보살행 실천자입니다. 봉사활동은 사람·동물·식물에도 할 수 있습니다. 보살피고 돌보고 가꾸는 일이 모두 봉사입니다.

그런데 불교는 봉사라는 말 대신 자비라는 말을 합니다. 자비는 봉사보다 엄청 범위가 넓습니다. 자비란 말속에 포함된 가장 큰 가치는 생명입니다.

옛날 절간의 큰 가마솥에 나물을 데치려면 물을 펄펄 끓입니다. 나물을 다 데치고 나면, 끓는 물을 그대로 버리지 못하게 했습니다. 하수구에 기생하는 장구벌레 같은 곤충들이 뜨거운 물에 죽기 때문입니다. 그래서 끓는 물에 찬물을 가득 부어 미지근한 물을 퍼냅니다. 사람에게 이로운 벌레인가, 해충인가를 절대 따지지 않습니다. 생명의 가치는 절대적이라 가르칩니다. 설사 사람을 물면 생명이 위독한 독사도, 그 생명만은 소중하게 여깁니다. 이것이 불교의 자비정신입니다. 독사도 그럴진대, 어찌 사람을 소중히 여기지 않겠습니까?

모두가 소중하기 때문에 우리는 남을 항상 배려해야 합니다. 이것이 보살정신의 출발입니다. 하루를 맞으며 이런 생명 존중 정신으로 시작하면 좋습니다. 그런 분은 순수한 봉사정신을 실천하는 생활인이 될 것입니다. 바로 자비의 꽃을 피우는 보살입니다. 이런 하루는 행복이 동행할 멋진 하루입니다.

# 3. 불교인의 나눔 보시

우리 주변에 남을 돕자는 말은 흔히 듣습니다. 그러나 실제로 남을 돕는 일에 팔을 걷어붙이고 앞서는 사람은 흔하지 않습니다. 불교는 각자의 깨달음과 동시에 자기 마음의 깨달음을 지향하는 수행이 불교의 목적입니다.

깨닫고 나면 무엇을 해야 하는가?

나와 이웃, 사회의 모든 사람들이 평화롭게 사는 불국토를 건설하는 일입니다. 어떻게 불국토를 건설할 수 있을까? 바로 평등한 자비의 실천행입니다.

자비의 실천은 내 이웃들을 돕는 조그만 봉사의 손길에서 시작해야 합니다. 육바라밀을 아는 것도 불자로서 필요한 일입니다. 육바라밀을 아무리 잘 알아도 직접 남을 돕지 않으면 소용없습니다. 마치 배고픈 사람이 밥 먹자고 백 번을 외쳐도, 먹지 않으면 배고픈 이치와 같습니다. 남을 돕자고 아무리 입으로 떠들어도, 행하지 않으면 아무 소용이 없습니다.

조계종단에서 사회 봉사활동을 하는 복지시설을 늘리는 일은, 늦은 감이 있지만 참으로 다행입니다. 이에 맞추어 불교인들이 생활 속에서 능력에 따라 남을 돕는 일을 실천해야 합니다. 그러면 불교인은 남을 돕는 사람이란 인식이 사회에 번지게 됩니다.

이보다 효과적인 포교가 어디 있습니까? 사회 구석구석에서 남을 돕는 불자들이 계속 늘어나야 합니다. 이런 운동은 불교를 살리는 길입니다.

진정한 보시는 남을 배려하는 마음과 겸손에서 우러나야 따뜻함을 느낍니다. 만나는 사람에게 미소 짓는 다정한 표정부터 실천해야 합니다.

잠자리에서 눈을 뜨면 "부처님! 제가 오늘 남을 돕겠습니다." 하고 다짐합니다. 그러면 기분이 한결 밝아집니다. 출근하다 등교하는 학생을 만납니다. "부처님! 저 학생 공부 잘하도록 도와주십시오." 하고 혼잣말로 합니다. 엄마 등에 업힌 아기를 보면, "저 아기가 건강하게 자라기를……" 하고 속삭입니다. 차를 운전하는 분들을 향하여, "차를 운전하는 분들이 안전 운행하기를……" 하고 속삭입니다.

겉으로는 너와 내가 아무런 관계도 없는 듯하지만, 진심으로 빌어주면 비는 사람 마음이 밝아집니다. 부처님은 너와 나 생명의 고향인 진여자성眞如自性은 본래 하나라 가르칩니다. 나와 남이 보이지 않는 관계 속에 존재한다는 가르침입니다.

길거리에서 구걸하는 사람에게 동전 몇 푼을 주는 것도 작은 보시입니다.

이렇게 만나는 사람마다 행복을 빌어주는 마음이 자비의 씨앗이 됩니다. 거듭할수록 업장을 녹이고 보현행원의 실천으로 연결되는 보살행입니다. 불자라면 보시 대상과 때를 가리지 말아야 합니다.

계획하고 날짜를 잡지 말고, 그때그때 실천이 중요합니다. 보시할 기회는 많고 대상과 방법은 무궁합니다. 우리는 지혜롭게 보시하는 습관이 익숙하지 않았을 뿐입니다.

육바라밀이 보시부터 여섯 항목인데, 보시하는 첫째가 중요합니다. 보시만 잘하면 나머지 다섯은 자연스레 이루어집니다. 이러한 도리를 터득해야 합니다.

부처님의 가르침은 말과 시늉으로 따를 수 없습니다. 누구나 따뜻이 대하는 마음씨가 자비의 빛입니다. 누구나 도와주려는 정성과 행동이 보살행입니다. 말보다 실천이 앞서야 참된 불자입니다.

중국 선종의 유명한 임제 선사는 "가는 곳마다 주인공이 되면, 머무는 곳마다 진리를 나툰다."고 했습니다. 이 말을 보시와 연결 지으면, "곳곳에서 보시를 행하면, 그 하나가 모두 보살행이다."로 바꿀 수 있습니다.


부처님 가르침에 어리석은 소치기 이야기가 전해옵니다.

그는 열흘 후에 맞이할 손님을 기다렸습니다. 그래서 매일 짜야 하는 젖소의 우유를 소의 몸속에 많이 모아 둘 생각이었습니다.

손님 오는 그날 모아둔 우유를 짰으나 한 방울도 나오지 않았습니다.

이 비유의 암시가 좋은 가르침입니다. 지금은 형편이 어려워 다음에 보시하리라 미루는 사람들이 있습니다. 이들은 어리석은 소치기와 조금도 다를 바 없습니다.

착한 일이나 보시를 하면 좋은 줄은 다 압니다. 여러 핑계로 뒤로 미루는 사람들에게 경종을 울리는 부처님 가르침입니다.

사람 몸 받기 어렵고 불법佛法 만나기 어렵다는 부처님의 말씀을 기억합시다. 하루하루 조금씩 남을 돕는 불자가 됩시다. 부처님의 진리를 실천하는 불사에 앞장섭시다. 이런 행동이 서로의 행복을 부르는 손짓입니다.

(『혜원정사 사보』 1999. 9.)

# 4. 인과응보에서 건지는 행복

세상 사람들이 인과응보 말을 들으면, 옛날이야기를 떠올립니다. 착한 일 하는 주인공은 끝내 행복해지고, 악한 인물은 벌 받는 짜임을 연상합니다.

인과는 시험공부를 소홀히 한 학생이 낮은 점수를 받았을 때도 적용됩니다. 그 결과는 당연히 원인이 있었기에 낮은 점수가 나왔습니다. 인과응보는 사람들의 행동과 그 결과로 나타난 일에 대해 사용하는 말입니다.

인과응보는 어떤 원인과, 그 원인이 불러오는 결과를 동시에 일컫는 말입니다. 한마디로 과학적인 근거에 바탕을 둔 원리이며 철칙입니다.

한 말 들이 물통에 소금을 한 되 넣었을 때와, 같은 조건에서 소금 한 홉을 넣었을 때, 소금물의 짠 정도는 분명 다릅니다. 염도 측정기로 재어보면 정확히 알 수 있습니다. 사람이 그 물을 찍어 맛을 보면 감각으로도 충분히 그 차이를 느낄 수 있습니다.

자동차가 30km 속도로 운행하다 벽에 부딪쳤습니다. 또 100km의 속도로 운행하다 벽에 부딪쳤습니다. 이때 자동차의 파손 상태는 크게 차이가 납니다.

우리가 마시는 술도 마찬가지입니다. 술을 지나치게 많이 마시면, 건강한 사람도 걸음이 비틀거립니다. 소주 한 잔을 마신, 건강한 사람은 비틀거리지 않습니다. 고무풍선을 적당히 불고 그치면, 풍선이 그대로 유지됩니다. 지나치게 많은 바람을 불어 넣으면, 끝내는 풍선이 터져 버립니다. 이렇게 명확한 인과응보를 우리 사는 생활에 받아들이면 행동이 달라집니다.

인과응보를 좋은 방향으로 활용하는 지혜는 생활에 이롭습니다. 살면서 만나는 이웃이나 직장에서 만나는 사람에게 인사를 나눕니다. 내가 밝은 표정으로 인사하면 상대도 인사를 건네며, 둘의 기분이 밝아집니다.

우리 사는 세상은 과학기술의 발달로 갖가지 도구와 편리한 물건들을 사용합니다. 그런 도구나 물건을 사용하는 주체가 사람입니다. 사람들 관계가 원만하면 기대하는 일이 잘 이루어집니다. 그런 사람들이 모여 사는 사회는 개인이 어떤 정신으로 맡은 일을 하느냐에 따라, 성공과 실패로 갈라질 것입니다.

그럼 어떤 정신을 지니면 좋을까요?

이런 물음에 불교는 아주 중요한 가르침을 알려 줍니다. 바로 개개인의 마음을 바르게 다스리라는 가르침입니다. 초보 단계에서 불교를 말하면, 각자 마음을 바르게 다스리는 가르침입니다. 그리고 그런 마음으로 이웃과 더불어 살아가라는 가르침입니다.

대승불교는 자기 마음 다스리는 일을 상구보리라 하며, 남을 도우며 살아가는 일을 하화중생이라 합니다. 물에 빠진 사람을 건지기 위해, 수영 연습을 하는 일이 상구보리입니다.

헤엄을 능숙하게 배워 물에 빠진 사람을 건져주는 일은 하화중생에 비유됩니다. 상대가 조금 실수를 해도 누구나 실수를 할 수 있다는 느긋한 생각을 합니다. 만약 자신이 실수했을 때는 바로, '제가 잘못했습니다.' 이렇게 말하라고 가르칩니다.

어느 정도 오래 불교를 실천해 보면 분명히 알 수 있습니다. 내가 잘못했을 때, 잘못했다고 말합니다. 잘못했다 해도 나의 맑은 불성에는 조금도 손상이 없습니다. 우리는 체면이나 자존심 때문에 잘못했다는 말에 매우 인색합니다. 불교는 자기 체면이나 자존심을 모두 내려놓으라고 가르칩니다. 이것을 하심下心이라 합니다.

내가 잘못을 인정하면, 상대가 잘못했을 때 그 사람도 잘못을 인정할 가능성이 큽니다. 이렇게 생각하면 사람 사이의 관계가 얼마나 부드럽겠습니까?

이렇게 부드러운 인간관계로 살아가면 잔잔한 기쁨이 느껴집니다. 이런 체험이 반복되면 행복한 삶으로 이어집니다. 행복한 삶은 누구나 기대하는 희망의 삶입니다. 내가 밝은 마음으로 상대를 대하면, 그의 마음도 밝아집니다. 마치 밝은 빛이 주위를 환하게 밝히듯이.

# 5. 부처님이 우리 곁에 오신 뜻

내가 30년 넘게 근무했던 이 학교의 교정을 떠난 지 벌써 1년이 되었습니다. 밝은 표정으로 늠름하게 자라는 여러분을 다시 대하니 감회가 새롭습니다. 이제 3일만 지나면 부처님 오신 날을 맞이합니다. 이 자리에서 부처님이 사바세계에 오신 참뜻을 한번 생각해 보도록 합시다.

지구상의 사람들은 모두 행복하게 살기를 원합니다. 인간답게 살고 더 평화롭게 살기를 바랍니다. 그러나 우리의 현실은 행복하다고 느끼지 못할 때가 많습니다. 온갖 기계문명과 전자제품, 통신기기 혁신, 교통기관 발달로 우리 생활은 전보다 훨씬 편리해졌습니다. 그렇다면 물질문명의 눈부신 발달에 비례하여, 우리의 행복도 그만큼 커졌을까요? 그렇다고 자신 있게 대답할 사람이 그다지 많지 않을 것입니다.

2,600여 년 전 부처님은 인도 카필라국 정반왕의 태자로 태어났습니다. 그분은 우리에게 행복하게 살도록 일깨워 주기 위해 오셨다 할 수 있습니다.

천상천하天上天下 유아독존唯我獨尊 삼계개고三界皆苦 아당안지我當安之

"온 우주 생명이 가장 존귀하다. 세상이 온통 고통이지만, 내가 고통을 편안하게 하겠노라."

이 짧은 구절이 부처님이 우리에게 오신 참뜻의 선언입니다. 생명의 고귀함을 설파하여, 고통을 덜어주려는 자비심의 발로입니다. 부처님 가르침대로 행하면 고통을 덜 수 있다는 희망의 메시지입니다.

아득한 옛적 인도에 어릴 때 단짝 친구가 있었습니다. 청년이 될 때까지 두 사람은 형제보다 친하게 지내며 우정을 나누었습니다. 세월이 흘러 어른이 된 한 사람은 아주 어렵게 살았습니다. 한 친구는 큰 부자가 되어 그 고을에서 이름을 떨쳤습니다. 가난에 시달리던 한 친구는 부자 친구를 찾아갔으나, 문지기들이 집안에 들여보내지 않았습니다. 이렇게 실랑이를 벌이는 소란을 주인인 부자 친구가 들었습니다. 대문으로 나와 보니, 과연 어릴 적 친구가 초라한 행색으로 하인들과 다투고 있습니다.

부자는 하인들을 나무라고 옛 친구를 집안으로 안내합니다. 배고픈 친구에게 맛있는 음식을 대접하고 이런 저런 옛날이야기를 나누었습니다. 부자 친구는 가난한 친구를 좀 쉬게 하자, 곧 잠이 들었습니다.

때마침 그 부자 친구가 먼 길을 떠나게 되었습니다. 안타까운 마음에서, 가난한 친구의 옷섶에 귀중한 보석을 하나 넣어, 하인이 옷섶을 꿰매어 보석이 분실되지 않도록 했습니다.

그리고 부자는 길을 떠났습니다. 잠을 깬 가난한 친구는, 부자의 먼 길 떠난 소식을 듣습니다. 고맙다는 인사를 하고, 집을 나와서 또다시 가난하게 살았습니다.

먼 길에서 돌아온 부자는 가난한 친구가 아직 밥을 구걸한다는 소식을 듣습니다. 그 말을 듣고 가난한 친구를 다시 데려 오라 시킵니다. 거지꼴의 친구를 보고 부자가 보석을 어떻게 했느냐고 묻습니다.

"아니! 보석이라니? 무슨 보석 말인가? 내게 무슨 보석이 있어?"

놀라서 묻는 가난한 친구에게 부자 친구는 말했습니다.

"자네에겐 처음부터 보석이 있어. 자네 옷섶을 만져보게나."

옷섶에서 보석을 꺼내 든 친구는 귀한 보석을 보고 깜짝 놀랐습니다. 그 후에 가난하던 친구는 부자 친구 도움으로, 가난을 벗고 보통 사람처럼 평범하게 살게 됩니다.


이 이야기는 부처님이 72세 이후에 설하신 『법화경』에 나오는 이야기입니다. 가난한 친구 옷섶에 감추어 둔 보석은 바로 우리들 마음을 상징합니다. 우리 모두가 값으로 따질 수 없는 귀중한 보석인 마음을 지닌 채 살고 있습니다.

황금 수레를 타고 사형장 가는 사람과 경운기 타고 고향 가는 사람 중에 누가 더 행복감을 느낄까요? 이 말은 행복은 결코 물질의 풍요에 비례하지 않는다는 엄연한 진실을 의미합니다.

세계에서 가난한 나라인 네팔과 부탄 국민들 행복 지수가 선진국인 미국·영국·독일보다 훨씬 높다는 UN보고서가 있습니다.

우리들 머리 위에는 찬란한 태양이 빛나고 있습니다. 산과 들에는 봄꽃들이 지천으로 피어 있고요. 산에는 숲이 우거지고 골짜기엔 시냇물이 흐릅니다. 생명에 중요한 공기는 우리 주변을 온통 감싸고 있습니다.

우리가 행복하다고 생각하는 순간, 행복은 우리 곁에 다가옵니다. 행복해서 웃을 게 아니라, 그냥 웃으면 행복해집니다. 이 말을 깊이 새겨, 항상 웃는 얼굴로 살아가기 바랍니다.

부처님이 오신 참뜻은 우리에게 마음 보석을 잘 쓰라는 말씀을 전하기 위함입니다. 그 말씀은 모두가 행복하게 살기를 바라는 자비심입니다. 부모님과 선생님 말씀 잘 따르고 부지런히 공부합시다. 모두 나라를 빛내는 훌륭한 인물이 되기 바랍니다.

여러분 모두 행복한 삶을 누리기를 두 손 모아 기원합니다.

('금정중 봉축강연' 2009. 4. 29.)

# 제 5 장

# 수행을 건지는 두레박

# 1. 적멸보궁 순례

1977년은 내가 금정중학교에 부임한 해입니다. 그해 경북대학 재학시절 열심히 불교 활동을 한 김태유 선생님을 만납니다. 역사 교사인 선생님은 그때 부산 중앙고에 재직하였습니다. 사범대학 졸업 후 부산에 근무하면서 열성적으로 불교 활동을 펼쳤습니다.

그 무렵 범어사 주지를 지내고 망미동 영주암에 정관 스님이 주석하였습니다. 정관 스님은 범어사에서 아침저녁 철저한 관음기도로 유명한 분입니다. 김 선생님은 정관 스님을 친견하며 영주암에서 기도를 했습니다. 또한 정관 스님은 부산불교신도회도 지도하였습니다. 신도회 총무부장 송정호 씨도 영주암을 한 번씩 참배합니다. 나는 김 선생님과 송 부장을 불교모임에서 알게 됩니다.

그러다 1978년 1월 14일부터 5일 동안 부산불교신도회 간부수련회를 가졌습니다. 청양 장곡사·보령 성주사지·개심사·보원사지·서산 마애삼존불로 충남 일원으로 갔습니다.

충남 청양군 대치면 장곡리에 있는 장곡사는 신라시대 창건되었습니다. 특이하게 상대웅전(보물 162호)과 하대웅전(보물 131호)이 있는 절입니다. 상대웅전에는 국보 58호 철조약사여래 좌상부조 연화대가 유명합니다. 기도를 마치고 주지 스님 방에서 인사를 드렸습니다. 주지는 비구니 스님이었습니다.

이번 수련회를 계기로 부산불교정진회를 창립하기로 의견을 모았습니다. 영주암에 주석하는 정관 스님을 고문으로 모시고, 1978년 1월 27일 영주암에서 부산불교정진회를 창립하였습니다. 회장은 김태유, 간사는 송정호 회원이 선출되고, 창립 회원은 모두 11명이었습니다. 정관 스님은 간단히 격려의 말씀을 하였습니다.

"불교 수행에는 정진이 꼭 필요하다. 한 마음이 통일되면 불보살님이 감응한다. 간절한 마음으로 관세음보살 정진을 하면 좋겠다. 정진회라는 이름에 어울리게 열심히 기도하기 바란다."

우리는 스님이 따르는 녹차를 마시고 과일을 들며, 여러 의견을 나누었습니다. 회원 중 교사가 5명이므로 방학 때 수련하기로 하고 6박 7일의 적멸보궁 순례기도를 계획하였습니다. 5대 적멸보궁 중 통도사는 부산에서 가까워 평소 자주 참배하는 절입니다. 나머지 태백산 정암사, 사자산 법흥사, 오대산 중대암, 설악산 봉정암을 순례 코스로 잡았습니다.

한여름 뭉게구름이 흐르는 8월 13일 아침입니다. 부산역에서 오전 8시 30분발 강릉행 열차를 타고 오후 4시 30분경 철암역에 도착합니다. 다시 열차로 고한까지 가서, 버스로 정암사로 향하는 중에 차창에 빗방울이 부딪칩니다.

오후 6시 40분쯤 정암사에 도착할 때까지 비가 계속 내립니다. 빗속 정암사 적멸보궁에서 108배 절을 하고, 금강경을 독송하였습니다. 주지 등각 스님의 배려로 밤 10시가 넘어 무량수각에서 잠을 잤습니다.

수련회 이튿날, 새벽 3시 20분 기상하니 밖에 빗소리가 들립니다. 잠시 후 적멸보궁 법당에서 아침 예불을 올리고 108배 참회 기도를 하였습니다. 아침 6시 공양을 마치고 주지 스님 방에서 차를 마시며 말씀을 들었습니다.


태백산 정암사는 자장율사가 창건했습니다. 자장율사는 속세에서 노루를 살생한 후 크게 반성하여 어머니가 돌아가시자 출가했답니다. 당나라에 유학하여 오대산에서 기도 중에 문수보살이 전해 주는 부처님 진신사리를 받았다 합니다. 이 사리를 해동국에 봉안하라는 부촉으로 고국으로 돌아와 다섯 군데 적멸보궁을 세웠습니다.

정암사 보궁에는 치아와 뼈마디 사리를 모셨습니다. 탑 안에는 구슬과 염주가 들어있고, 삼갈반지에 수마노석五으로 탑을 조성하였습니다. 적멸보궁 탑은 해발 870m 정도의 높이에 위치하고 있습니다. 태백산 줄기에서 뻗어 내린 천의봉에 정암사가 안겨 있습니다.


주지 스님의 말씀을 들은 후, 수마노 보탑을 참배하였습니다. 탑을 조성한 돌이 화강암이 아니고, 옛날 면도칼을 갈던 숫돌 비슷한 돌입니다. 이런 돌을 수마노석이라 하는 모양입니다.

탑 앞에서 기도를 올리고 기념 촬영 후 정암사를 떠납니다. 그길로 영월에 있는, 세조 3년에 단종이 유배당한 청령포를 찾았습니다. 비가 그치고 햇볕이 났습니다. 영월읍 남면 광천리 남한강 상류인 서강 주변입니다. 울창한 송림 사이로 3면이 강물에 둘러싸여 있습니다. 한쪽은 육육봉이 치솟은 절벽으로 섬처럼 외딴 곳입니다.

단종 유배지 표지판 앞에 놓인 향로를 향해 묵념을 올립니다. 어린 나이에 삼촌 세조의 권력에 밀려, 외딴 곳에 유배당한 단종의 처지가 가슴 아픕니다. 문득 단종을 이별하고 떠나며 읊은 왕방연의 시조가 떠오릅니다.


천만리 머나먼 길에 고운님 여의옵고
내 마음 둘 데 없어 냇가에 앉았으니
저 물도 내안 같아야 울어 밤길 예놋다.


줄을 끌어당겨 건너는 나룻배로 다시 강을 건넙니다. 원두막에 맡겨 둔 배낭을 메고 걸어서 장릉으로 갑니다. 장릉은 영월읍 영흥리에 위치한 조선 제6대 단종의 능입니다. 사적 제196호로 지정되었으며, 당시 영월의 호장戶長 엄흥도가 단종의 시신을 염장하였습니다.

보통 왕릉은 능선을 피하는데, 단종 능은 산등성이에 자리하고 있습니다. 주변의 숲이 울창하고 잔디가 비단처럼 아름답게 펼쳐져 있습니다. 능 아래에 단종비와 비각, 충신당, 재실이 정비되어 있습니다.

단종 능을 돌아본 일행은 사자산 법흥사를 가기 위해 주천행 버스로 법흥리에 도착하였습니다. 마을에서 코펠과 버너로 저녁밥을 지어 먹고 서둘러 법흥사로 올라갑니다. 법당을 참배하고 배정받은 방에 배낭을 두었습니다. 우의를 입고 손전등을 비추며 적멸보궁과 보탑을 참배하러 올라가니, 그 시각에 기도하는 보살들이 많았습니다.

불자들은 적멸보궁 기도를 평생의 소원으로 여깁니다. 그런 정성을 직접 확인하는 순간, 기도 열기가 주위에 번지는 느낌입니다. 우리는 참배를 하고 법흥사로 돌아와 밤 10시가 넘어 피곤한 몸으로 잠속에 빠졌습니다.


수련 사흘째 8월 15일 아침. 여전히 비가 내립니다. 새벽 3시에 기상하여 예불을 올리고 천수경을 독송하였습니다. 새벽 5시 어둑어둑한데 다시 적멸보궁에 올라갔습니다. 참배 후 기념 촬영을 마치고 절에 내려와 우리가 준비한 취사로 아침을 먹었습니다.

오전 7시 법흥사를 출발한 일행은 주천에서 버스에서 내려 조그만 다방에 들어갑니다. 커피를 들고 잠깐 휴식하며 일정에 관한 의견을 모았습니다.

다시 버스를 타고 11시가 넘어 평창에 도착하니, 마침 그날 평창 장날이었습니다. 산이 높고 골이 깊은 강원도 시골장의 운치가 정겹습니다. 우리는 시장을 돌아다니며 유명한 강원도 옥수수도 맛보았습니다. 옥수수 하나가 매우 큽니다. 시골장터에서 옥수수, 국수와 묵으로 점심을 먹었습니다. 순박한 어머니와 할머니의 음식 솜씨라 맛이 좋았습니다. 노란 평창 참외도 꿀처럼 달았습니다.

평창에서 강릉행 버스를 타고 두 시간 정도 달려 진부에 도착했습니다. 진부에서 택시 두 대로 월정사에 도착합니다.

대웅전을 참배하고 탄허 스님을 친견하는 행운을 만났습니다. 스님은 절을 올리고 쭉 둘러앉은 우리를 바라보십니다. 안경을 끼고 하얀 모시 바지저고리를 입은 스님 모습이 정갈하게 느껴집니다.

부산서 정관 스님을 모시고 수행하는 단체라 했습니다. 정관 스님은 범어사 관음기도로 유명한 분으로 이미 알고 계십니다. 적멸보궁 참배는 영광된 인연이라 하십니다. 상원사 중대 적멸보궁에서 지성껏 기도하라 일러주십니다.

월정사에서 상원사까지 10km 정도를 걸었습니다. 시골길 같은 도로 옆에는 비에 불어난 계곡물이 세차게 흐릅니다. 상원사 저녁 공양이 끝났을 시간이라 절 밑에서 취사를 했습니다. 저녁을 서둘러 먹고 상원사에 도착합니다. 영산전에서 예불을 올리고 밤 10시쯤 취침합니다.


수련 4일째인 8월 16일 새벽. 3시 기상하여 손전등을 들고 중대를 거쳐 적멸보궁에 올랐습니다. 오대산 비로봉 아래 위치한 적멸보궁에 도착합니다. 사리탑은 보이지 않고 아담한 법당이 아주 자그만합니다. 법당 뒤편에 진신사리를 비장秘藏했다 합니다. 조그만 법당엔 신도들이 꽉 찬 채 기도 중이라 들어설 틈이 없습니다. 우리는 밖에서 등산복을 벗어 깔고 석가모니불 정근으로 108배를 올렸습니다. 법당 밖이지만 신도들과 함께 정근하며 기도를 올리니 신심이 솟아납니다. 적멸보궁의 신성한 기운이 느껴집니다. 보궁에서 상원사로 내려올 무렵 날이 훤히 새었습니다.

# 2. 봉정암에 오르다

　오늘은 적멸보궁 중에서 가장 높은 곳에 위치한 설악산 봉정암을 올라야 합니다. 상원사로 돌아와 아침 공양을 마치고 진부로 향합니다. 강릉행 버스를 타고 굽이굽이 대관령을 넘어 강릉에 도착합니다. 여행에 지겨운 비는 오늘도 내립니다. 강릉서 버스를 타고 양양에 도착합니다.

　식당에서 점심을 먹는 중에 민방위 훈련 싸이렌이 울립니다. 식당에 머물 때 비가 점점 세차게 내립니다. 빗속에 양양을 출발하여 오색리를 지나 한계령에 도착했습니다. 폭우로, 봉정암 오르는 코스에 대해 대원들의 의견을 모았습니다. 한계령에서 버스로 원통까지 이동, 용대리에서 도보로 백담사로 가기로 결정합니다.

　백담사로 걸어가는 도중에 폭우가 퍼부었습니다. 백담사 앞 계곡에 징검다리를 건너 절에 가던 시절입니다. 폭우가 내려 시뻘건 황톳물이 백담계곡에 거칠게 넘쳐흐릅니다. 부득이 지름길인 좁은 산길로 미끄러지며 가까스로 백담사에 도착하니, 밤 8시 30분입니다.

　모두 젖은 옷을 갈아입고 공양간 앞에서 취사를 준비했습니다. 백담사 스님께 미리 연락했기에 방을 따뜻하게 데워 놓았습니다. 하루 종일 비를 맞고 강행군을 한 때문에, 내일 새벽은 5시에 기상하기로 하고 모두 잠들었습니다.

수련 5일째 8월 17일. 대웅전에서 아침 예불을 올렸습니다.

이어 우리가 준비한 취사로 아침을 먹었습니다. 공양 후 백담사 주지 스님과 차담을 나눕니다. 절이 오래되어 비가 새는 건물이 있다고 합니다. 찾는 신도가 적어도 설악산을 지키겠다는 원력에 감사한 마음을 느꼈습니다. 오랜 만에 이날은 햇볕을 만났습니다.

9시 30분 백담사를 출발, 영시암 쪽으로 향했습니다. 영시암을 지나니 비가 내린 뒤라 좁고 미끄러운 비탈길에서 한 회원이 발을 헛디뎌 배낭 채 비탈 아래로 5m쯤 미끄러지다 나무에 걸렸습니다. 일행은 놀라 정신이 아찔하였습니다. 가파른 비탈 아래는 계곡 물이 세차게 흐릅니다. 세찬 계곡물에 떨어졌다면 큰일 날 뻔 했습니다. 모두 놀란 가슴을 쓸어내렸습니다. 그러나 천만다행 사람이 다치지 않았습니다. 일행은 모두 부처님 가피로 위험을 면했다고 격려합니다.

비가 개이니 이제 무더위가 괴롭힙니다. 한여름 무더위는 산을 오르는 우리를 숨 막히게 합니다. 얼굴과 목덜미에 계속 땀이 흐르고 배낭 멘 등산복은 땀으로 젖습니다. 수렴동 반야폭포를 지나 쌍용폭포 앞입니다. 쌍용폭포는 좌우 골짜기에서 Y자형으로 폭포가 쏟아집니다. 왼쪽 폭포가 20여m 정도, 오른쪽 폭포는 상단 하단 합하여 100여m나 되는 웅장한 모습입니다. 며칠째 내린 비로 수량이 많아 세찬 폭포수가 하얗게 물보라를 일으키며 쏟아집니다. 폭포를 바라보는 순간 시원한 느낌이 듭니다.

산길이 가파른 봉정골로 접어들었습니다. 쌍용폭포에서 봉정암까지 대략 1.6km 정도 남았습니다. 물이 콸콸 쏟아지는 냇가에서 배낭을 벗고 휴식입니다.

갑자기 손광렬 회원이 바위에서 미끄러져 물에 풍덩 빠졌습니다. 웅덩이는 깊지 않았지만 가슴까지 물이 찼습니다. 헤엄을 잘 치는 그는 웃으며 대원의 손을 잡고 바위 위로 올라옵니다. 폭우가 쏟아진 다음 날이라 등산객이 별로 안보였습니다. 그가 옷을 갈아입고, 우리는 가파른 고갯길로 접어들었습니다. 계곡 곳곳에 쇠로 된 다리와 계단이 설치되어 있습니다.

우리는 100m 정도의 급경사인 속칭 깔딱고개를 힘겹게 한 발 한 발 올랐습니다. 봉정암 적멸보궁 기도가 정말 어려운 코스라는 생각이 이어집니다. 안간힘을 다해 봉정암에 도착하니 오후 6시 15분입니다. 중간에 휴식시간을 빼더라도 장장 7시간 넘게 산행을 한 셈입니다. 여름이라 해가 길어 어둡지는 않았습니다. 봉정암 스님의 배려로 우리는 방에 배낭을 풀어놓고 목욕을 했습니다. 이 높은 설악산 봉우리 바위 밑에 물이 펑펑 솟아납니다. 물을 끼얹으니 차가워 몸에 소름이 쫙 돋습니다.

목욕 후에 적멸보궁 보탑으로 갔습니다. 자연석 암반 위에 그대로 5층탑을 세워 부처님 진신사리를 모셨습니다.

일행은 등산복을 접어서 깔고 석가모니불을 정근하며 108배를 했습니다. 부처님 신신사리탑이라 환희심이 났습니다. 눈 아래 보이는 설악산 능선 봉우리에 여름 구름이 걸려 멋집니다. 서 있는 여기가 신선이 노니는 선경 같다는 생각이 스칩니다.

스님의 배려로 일행은 좀 늦지만 저녁 공양을 하였습니다.

높은 산이라 밤이 되니 서늘한 기운이 돕니다. 봉정암에서 70m 쯤 건너 쪽엔 야영하는 등산객들의 텐트가 여러 개 보입니다. 등산객들은 취사할 때 모두 봉정암 샘물을 이용합니다. 봉정암은 등산객들에게도 커다란 자연의 은혜를 베풉니다.

내가 태어나서 처음으로 찾은 봉정암 적멸보궁입니다. 다른 적멸보궁보다 오르면서 힘들어 한 탓인지 감회가 깊습니다. 부산 불교거사림 김석배 회장이 만든 5대 적멸보궁 소형영화를 여러 번 보았습니다. 그때 언젠가 가보리라 마음먹었던 적멸보궁입니다. 몸은 힘들어도 마음엔 환희심이 가시질 않습니다.

땀에 절인 속옷을 씻어 널고, 밤 8시가 넘어 불 땐 방에서 곤히 잠들었습니다.


수련 엿새째 8월 18일. 새벽 3시 기상합니다. 법당에서 스님이 집전하는 예불을 올렸습니다. 이어 우리는 천수경을 독송하고, 석가모니불 정근을 하며 108배를 올렸습니다. 높은 산이라 여름인데도 새벽 공기는 선선했습니다.

날이 밝아지니 등산객들도 식수를 받아 가 텐트 주변에서 취사에 분주합니다. 연일 내리던 비는 잠깐 그치고, 하늘은 비구름으로 흐려 있습니다. 눈 아래 보이는 설악산 능선에 구름이 걸려 동양화처럼 한가롭습니다. 절에서 제공하는 아침 공양을 들고, 다시 사리탑을 참배한 후 기념 촬영을 합니다.

10시 40분에 우리는 스님께 감사 인사를 드리고 봉정암을 출발
합니다. 하산은 천불동 계곡으로 잡았습니다. 등산객들 텐트 주변
에서 소청봉 정상을 향해 오릅니다. 소청봉이 가까운 곳이라 키
작은 눈잣나무들이 무성합니다. 잔뜩 흐린 무더운 날씨에도 무덥
습니다. 한 시간 정도 걸려 소청봉 정상에 올랐습니다.

또 비가 내리기 시작합니다. 우의를 입고 미끄러운 길을 조심조
심 내려갑니다. 12시 50분쯤 희운각 대피소에 도착하니, 등산객들
이 많이 보입니다. 쉬면서 음료수로 목을 축이고, 배낭 속 간식을
꺼내어 나누어 먹습니다. 희운각에서 비선대까지 대략 7km 거리
로 시간은 세 시간쯤 걸립니다. 경사가 급한 길이 군데군데 있고
철계단을 설치한 곳이 여러 군데입니다. 비가 내리니까 철계단이
매우 미끄럽습니다. 고투를 겪으며 빗물이 힘차게 쏟아지는 양폭
을 지납니다. 비 내리는 천불동 계곡을 한 번씩 쳐다보면서 조심
스레 하산합니다.

오후 2시가 넘어 양폭 산장에 도착할 무렵, 다행히 비가 그쳤습
니다. 산장에서 간식을 먹으며 휴식을 취합니다. 옷은 젖었지만 비
가 그치니 그래도 견딜 만합니다. 날씨만 좋았다면 천불동 멋진
계곡을 자세히 구경했을 텐데 좀 아쉽습니다. 귀면암과 비선대를
거쳐 신흥사에 도착하니 오후 5시 40분입니다. 신흥사에 들어가
법당에 참배하고 밖에서 기념 촬영을 합니다. 악조건의 날씨에 별
사고 없이 7시간 이상 강행군에도 모두 무사하니 다행입니다.

설악동을 벗어나 강릉행 직행버스를 탑니다. 지나는 차창으로 산

위에서 동해를 굽어보는 낙산사 해수관음이 보입니다. 밤 9시 가까이 되어 강릉에 도착하여 식당에서 저녁을 먹었습니다. 그리고 강릉 동성여관에 투숙하여 피곤한 몸으로 꿈나라로 향했습니다.

마지막 날인 8월 19일은 토요일입니다. 여관에서 취사로 준비한 아침밥을 먹고 경포대와 오죽헌을 둘러보았습니다.

오전 8시 10분 부산행 열차에 몸을 실었습니다. 힘들고 고된 강행군의 6박 7일. 강원도 4대 적멸보궁 순례기도 일정이 모두 끝났습니다. 비 내리는 날이 많아 더 힘들고 어려웠습니다. 그래도 불자로서 보람을 느낀 수행 여정이었습니다. 부처님 진신사리를 모신 신성한 적멸보궁을 찾아 믿음을 다진 기회였습니다.

열차 안에서 한동안 이야기꽃을 피웁니다. 시간이 흐르자 모두 피로에 지쳐 스르르 꿈나라로 빠집니다. 저녁 무렵 해운대역에 도착합니다.

"적멸보궁 부처님 진신사리의 향기를 흠뻑 느낀 법열의 시간이었습니다. 동참과 협조 감사합니다."

김태유 회장님의 인사로 서로 손을 흔들며 각자 집으로 향합니다. 평생 잊지 못할 4대 적멸보궁 순례기도였습니다.

# 3. 경봉 스님 열반 30주기 다례재

2012년 7월 16일, 통도사에서 경봉 스님의 열반 30주기 다례재가 열리는 날입니다. 스님은 통도사 화엄산림 법회의 전통을 세우고 많은 불자들에게 사자후 법문으로 은혜를 베푼 대선사입니다.

지금부터 30여 년 전 1970년대 후반입니다. 당시 나는 범천동 안양사에서 안양불교 고등학생회를 지도하던 때입니다.

그 무렵 경봉 노스님은 통도사 극락암에 주석하시며, 일요일에 전국 불자들에게 무차법회를 열었습니다. 그때 나는 몇 차례 스님 법문을 들었습니다. 누구나 알아듣기 쉽고 재미있는 생활 법문으로 신도들이 존경하는 스님입니다.

법회 날 극락암 마당 주변은 발 디딜 틈이 없이 인파로 메워집니다. 노스님의 법문이 얼마나 유명했던지, 법회 땐 부산 불자들은 버스를 20대 넘게 동원하여 법문을 들으러 극락암을 찾았습니다.

스님 목탁에 맞추어 운집한 대중들이 삼귀의와 『반야심경』을 외우고 법회가 시작됩니다. 집전 스님이 "차경심심의 대중심갈앙 유원대법사 광위중생설" 하고 「청법게」를 세 번 반복합니다. 그때 극락암 주지 스님이 노스님께 삼배를 올립니다. 참석한 대중도 동시에 3배를 올리고 나면 노스님께서 법상에 오르십니다.

마이크에서 입정을 알리고 죽비를 세 번 칩니다. 그 많은 대중들은 선 채로 앉은 채로 숨소리도 죽인 채, 고요히 입정에 듭니다. 방선 죽비를 치고 나면 노스님의 법문이 시작됩니다. 노스님은 법상에 올라 주장자를 세 번 치고 법문을 시작합니다.

우리가 모든 분별을 쉬고 입정을 하였는데, 주장자를 들어서 대중에게 보이고, 다만 선상을 세 번 쳤을 뿐이다. 그리고 종사가 법좌에 오르기 전에 법문이 다 되었고, 대중들이 법문을 들으려고 자리에 앉기 전에 법문이 다 되었다. 종사와 대중의 눈과 눈이 마주치는 데 도가 있는 것이니, 이것이 종사가 거량하는 법문이다.

예전에 중국의 혜가 스님이 달마 스님에게 묻기를, "만약 어떤 사람이 불도를 이루려면 어떠한 법을 닦아야 가장 요긴한 것입니까?" 이렇게 물으니 달마 스님이 "관심일법觀心一法이 총섭제행總攝諸行이라, 마음을 관하는 한 법이 모든 행을 포섭해 가지고 있다."라고 답했다.

지금 우리가 "이 몸을 끌고 다니는 것이 무엇이냐?" 하고 물으면, 성품이다, 부처자리다, 한 물건이다, 이렇게 별별 소리를 다 하지만, 그것이 부득이 해서 하는 말이지, 어디에 마음이라고 써 붙여놓았느냐?

이 몸을 끌고 다니는 소소영령한 이것이 사람마다 다 자기 것이지만, 이것을 모르고 살아간다.

예전에 부처님께서 제자들에게 묻기를, "너의 생명이 어느 사이에 있느냐?" 하고 물으니, 한 제자가 대답하기를, "수일간數日間에 있습니다." 이러니 부처님이 "너는 공부하지 못하겠다." 이렇게 말씀하셨다.

다른 제자에게 물으니, "밥 먹을 사이에 있습니다." 이래서 또 부처님이 "너도 공부하지 못하겠다." 하신다.

다시 다른 제자에게 묻기를, "사람의 생명이 어느 사이에 있느냐?" 하고 물으니 그 제자가 답하기를, "숨 한번 내쉬고 들이쉬는 그 사이에 있습니다." 하고 대답하자, 부처님이 "너는 공부를 할 수 있겠다." 이렇게 말씀하였다.


이와 같이 우리가 호흡만 떨어지면 그만 죽게 되고, 그것이 곧 내생에 되는 것이다. 그러니 내가 나를 모르고, 자기의 소소영령한 생명이 어느 곳에서 부모 태중으로 왔는지도 모른다. 또 죽으면 어디로 가는지 가는 곳도 모르고, 언제 죽을지 죽을 날도 모르고 갈팡질팡하며 살아가고 있다.

하루 스물네 시간 중 한두 시간이라도 나를 찾는 정신통일을 하는데 주력해야 밝은 지혜가 나온다. 그러면 모든 일이 잘 되는 것이다.

마음이라고 하는 것은 만법의 근본이다. 마음이라고 말하지만, 마음도 아니고, 물건도 아니고, 부처도 아니지만 부득이 마음이라고 경전에 표현하였다. 모든 법이 일체 마음의 소생으로 되는 것이다. 능히 이 마음을 요달了達할 것 같으면, 모든 수행을 갖추어서 일 체를 행할 수 있게 되는 것이다.

산에 나무들도 천 가지와 수많은 잎들로 이루어져 꽃도 피고 열 매도 맺는다. 나무의 근본은 뿌리기에, 뿌리가 없으면 그 나무는 죽 고 마는 이치다. 우리도 이와 같이 근본 되는 마음을 찾아야 된다. 마음을 요달해야 되고, 마음을 증득해야 한다. 마음을 요달하지 못 하면 수행하는 일이 헛되고 만다. 공부를 하는 사람들은 내 마음을 청정하고 맑게 해야 한다.

우리 마음이 지극히 고요하면 맑아지고, 맑아지면 밝아지고 밝아 지면 통하는 법이다. 눈을 감고 밤길을 가려고 하면, 앞이 어두워서 어디 갈 수가 있겠느냐? 그러니 이 정신을 단련시켜 마음에 광명이 나야 무슨 일을 해도 걸림이 없고, 무슨 말을 들어도 단박에 잘 알 아듣게 된다.


이렇게 감동적인 법문으로 불자들 마음을 열어 주십니다.


경봉 대종사가 열반한 지 올해 30주년이 되었습니다. 30여 년 전 스님의 육성이 그리워, 나는 일찍 서둘러 다례재에 참석합니다. 넓은 통도사 주차장에서 인파는 꼬리를 물고 통도사로 계속 이어 집니다. 불지종찰 통도사의 일주문을 들어서자, 경내는 온통 신도 들로 붐빕니다.

곧장 부처님 진신사리를 모신 적멸보궁에 가서 참배를 올리고,

설법전으로 갔습니다. 나누어 주는 신발주머니에 신발을 넣어, 설법전 안으로 들어갑니다. 넓은 설법전은 속속 신도들로 메워지는 중입니다. 가까스로 방석을 들고 자리를 잡아 삼배를 올리고 앉았습니다.

잠시 후 집전하는 스님이 다례재가 시작되기 전, 천수경을 외우기 시작합니다. 신도들이 계속 들어오고, 이동하는 사람도 있고 조금 어수선합니다. 이동하는 사람들 입에서도 천수경을 외우며 움직입니다.

마이크로 집전하는 스님의 독경 소리가 얼마나 고운지, 신도들은 환희심이 솟아납니다. 천수경 암송은 많은 대중들의 합창으로 우렁차게 계속됩니다. 천수경 신묘장구대다라니 암송 소리가 높고 낮으며 리드미컬하게 이어집니다. 스님의 리듬에 맞추어 암송하는 중에 신명이 가슴 속에서 생동합니다. 불자들의 음성도 밝고 명랑한 화음으로 조화를 이룹니다. 신심의 열기가 설법전을 가득 채운 느낌입니다. 천수경을 외지 못하는 사람은 『불자지송』 책을 펼쳐 놓고 독경을 하는 모습도 보입니다.

이어 다례재 의식이 시작됩니다. 주지 원산 스님이 경봉 스님의 도풍을 설명합니다. 경봉 스님은 생전에 극락암에서 전국 불자들에게 사자후로 무차법문을 펼쳤습니다. 통도사 화엄산림 법회를 최조로 시삭하신 스님입니다.

경봉 스님의 육성을 영상으로 보여 줍니다. 나도 모르게 합장합니다. 영상이지만 스님을 친견하는 마음입니다.

방장 원명 스님을 비롯하여 주지 스님이 차와 꽃을 올립니다. 종단 스님, 각 본사 주지 스님, 통도사 스님들도 차와 꽃을 올립니다. 이어 조계종 어산장 동주 스님의 범패가 이어집니다. 심금을 울리는 범패가락입니다. 넓은 설법전을 꽉 메운 불자들이 입정하듯 고요합니다. 고요 속에 감동이 흐릅니다.

설법전에는 여성 보살들이 월등히 많습니다. 그 사이 거사들도 제법 보입니다. 어머니와 함께 온 20대 여성 불자도 있습니다. 불교에 젊은이의 관심이 상당히 높아진 느낌입니다. 요즘엔 자연을 품은 산사에서 템플스테이를 운영하는 곳이 많습니다. 명상이나 걷기, 차를 마시며 스님과 담소하며 힐링 분위기를 느끼는 스테이입니다. 관심 있는 젊은이가 찾는 템플스테이 영향이 끼친 참여로 보입니다.

법회가 끝나고 식당에서 점심 공양을 제공합니다. 많은 신도들이 네 줄로 늘어섰습니다. 배식대에는 네 팀의 봉사자들이 조끼를 입고 밥과 국을 쉴 새 없이 퍼줍니다. 수백 명이 식사할 수 있는 식당엔 신도들로 꽉 찼습니다. 먼저 공양하고 나가는 자리에 가서 앉아야 합니다. 젊은 날 군대 식당에서 식사하던 기억이 납니다. 숟가락 소리, 이야기 소리, 의자 당기는 소리로 웅성거립니다. 활기찬 통도사 식당 모습입니다.

설거지 장소에는 여러 명의 자원봉사자들이 재빨리 그릇을 씻습니다. 수고하신다는 인사를 하고 식당 밖으로 나왔습니다.

영축산 자락에 걸린 뭉게구름이 여름 하늘에 한가롭게 흐릅니다. 통도사 뒷산 울창한 숲이 주변을 감싸고 있습니다. 녹음이 여름 햇살에 졸린 듯 말없이 푸른 휘장을 둘렀습니다. 일주문 옆 시냇물이 재잘거리며 흘러갑니다.

경봉 스님의 은혜를 떠올리며 참여한 감명 깊은 법회입니다. 돌아오는 버스 안, 스님의 법문 영상이 생생히 떠오릅니다.

스님! 감사합니다.

# 4. 포교의 길을 걸으며

금정중학교 수계식에서 연비하는 필자

　포교란 부처님 가르침을 전하여 사람들이 실천하게 하는 활동입니다. 포교는 불교의 수행제도, 사원 안팎의 불교적 행위 및 활동을 포괄하며 불교적 삶의 성취는 행을 통해서 구체성을 가집니다.

　신라·고려·조선시대에는 포교라는 말 대신 교화敎化라 했습니다. 포교라는 말은 일제시대 1924년에 창간된 『불교』잡지에 처음 나타납니다.

　중국의 천태지의(538~579) 대사의 『법화현의』 권10에 "단론여

래포교지시但論如來布教之始"라는 말이 나옵니다. 여기서 포교는 부처님 가르침을 널리 펴는 의미로 쓰이며 바로 불보살의 중생교화 방편을 포교라 일컬었습니다.

부처님께서 깨달으신 진리를 평생토록 중생을 위해 교화하셨습니다. 제자들은 그 가르침을 해석하여 사람들에게 부처님의 법을 전합니다.

포교란 부처님이 행하신 바를 따르는 삶이요, 그 가르침을 널리 펴는 활동입니다. 나아가 보살행 실천으로 이상세계를 구현하여 불국토를 장엄하는 활동입니다.

부처님은 진리를 깨달은 후에 바라나국의 녹야원으로 가십니다. 그곳에서 처음으로 아냐타 카운디냐 등 다섯 명의 비구에게 사성제를 설합니다. 이 최초의 가르침을 초전법륜初轉法輪이라 합니다. 부처님 진리를 전한다는 뜻으로, 제자들을 가르친 활동을 전법륜轉法輪이라 부릅니다.

부처님 초전법륜지 베나레스의 교외 사르나트(녹야원)는 부다가야에서 약 200마일의 거리입니다. 석존이 먼 길을 찾아 간 이유는 베나레스가 전통 브라만 종교의 성지였기 때문입니다.

그곳은 당시 수많은 종교인들이 모여드는 곳이었습니다. 이곳을 찾은 목적은 효과적으로 자신의 가르침을 펼치기 위함이었습니다.

베나레스에서 부처님과 함께 60여 명 제자늘이 처음 안거를 마칩니다. 안거 후 사방으로 떠나는 제자들에게 부처님은 이렇게 말씀합니다. 『잡아함경』에는 부처님의 전법선언이 실려 있습니다.

① 자, 비구들이여, 전도를 떠나라.

② 많은 사람들의 이익과 행복을 위해 세상을 불쌍히 여기고, 사람(人)과 하늘(天)의 이익과 행복과 안락을 위해 떠나라.

③ 그리고 두 사람이 같은 길을 가지 말아라.

④ 처음도 좋고 중간도 좋고 끝도 좋으며, 조리와 표현을 갖춘 법을 설하라. 또한 완전무결하고 청정한 법행梵行을 설하라.

⑤ 사람들 중에는 마음에 때가 덜 묻은 사람도 있으나, 법을 듣지 못한다면 그들도 악에 떨어지고 말리라. 들으면 그들도 법을 깨달을 것 아닌가.

⑥ 비구들이여, 나 또한 법을 설하기 위해 우루벨라의 세나니가마(장군촌)로 가리라.


이 선언 첫째는 제자들에게 법을 전하도록 부촉한 내용입니다. 부처님 법을 아는 사람은 가르침을 전해야 한다는 사명을 일깨웁니다.

둘째 문장은 포교의 목적을 명백히 밝힌 말씀입니다. 세상을 불쌍히 여긴다는 말씀은 연민으로, 바로 자비심입니다. 자비심으로 모든 사람의 행복을 위해 가르치라는 뜻입니다.

셋째 문장은 현실에 맞는 적절한 포교 방법을 활용이라는 속뜻이 담겨 있습니다. 전법傳法 방향과 목적, 수단의 다양성이 포함되어 있습니다. 포교현장에 어울리는 방법을 활용하라는 의미입니다.

넷째는 부처님 가르침을 수행하고 실천하여, 전법 능력을 갖추라는 뜻입니다. 처음부터 끝까지 조리 정연한 논리로 법을 전하라는 뜻입니다. 우리 삶의 현실이 연기의 세계로 이루어진 진리를 알기 쉽게 가르치라는 의미입니다.

다섯째는 사람들의 근기에 차이가 있으나, 불법을 만나는 사람들은 듣고 알아 깨달을 것이라는 의미입니다.

여섯째는 부처님 몸소 법을 전하는 장소를 찾아 나선다는 선언입니다.


여러 경전에도 법을 전하라는 내용이 실려 있습니다.


이제 너희들에게 부촉하노니, 마음을 다해서 이 가르침을 전파하여 널리 이익되도록 하여라. (『법화경』「촉루품」)


보리심을 일으킨 다음에는 악세 중에서도 이 가르침을 비방하지 말고, 수지하고 독송하여라. 경전을 옮겨 남을 위해 자세히 설해 주어야 한다. (『열반경』)


아난아! 내가 반야바라밀다의 심오한 바른 가르침을 너에게 부촉하노라. 너는 마땅히 망각하지 말고 널리 전파하여 끊어지지 않도록 하여라. (『반야바라밀다경』「불모출생삼법장」)


부처님의 가르침을 알았으면 사람들을 위해 설해 주어야 한다.

(『제법집요경』)

부처님은 룸비니 동산 길에서 태어나셔서 80평생 길을 따라 진리를 가르쳤습니다. 마침내 쿠시나가르 길가 숲에 이르러 열반에 드십니다.

부처님 80생애는 바로 포교에 바친 자비행이었습니다. 세월이 흘러도 부처님이 가르친 진리는 불자들이 영원히 이어가야 합니다. 이것은 불자에게 주어진 엄숙한 사명입니다.


포교의 바탕이 되는 불교 사상을 몇 가지 생각해 봅니다.

먼저 인간 성품에 대한 긍정입니다. 일체중생一切衆生 실유불성悉有佛性은 불교의 근본 사상입니다. 이 말은 모든 중생들 개체의 특성을 아우르는 불성佛性의 보편성을 선언한 가르침입니다. 진여 불성의 세계는 인종·언어·지역·피부 색깔·문화 등의 모든 차별을 초월한 절대평등의 세계입니다.

다음으로 생명 존중 정신입니다. 부처님의 가르침은 인간뿐만 아니라, 모든 생명을 존중하는 사상입니다. 『법화경』의 「상불경보살품」은 일체 생명을 미래의 부처로 공경하는 보살의 수행을 설하고 있습니다. 모든 사람은 끝내 성불한다는 희망을 안겨줍니다.

생명 존재의 터전인 환경 보존 사상도 필요합니다. 최근에 세계 곳곳에서 지구의 재앙이 나타납니다. 기상이변, 에너지의 고갈, 환경 공해 문제가 발생합니다. 질병의 확산, 지진, 토네이도는 인간의 오만과 욕심이 초래한 자연 파괴에 대한 과보라 말하기도 합니다.

또한 불교는 보편적 가치관에 바탕을 두고 있습니다. 우주는 인연소생의 연기법을 바탕으로 존재합니다. 모든 생명은 상호 작용하는 인연관계로 평등합니다. 자리이타自利利他의 부처님 가르침은 나와 남의 대립 구도가 사라집니다. 자리가 곧 이타이며, 이타가 곧 자리라는 중도中道 진리를 강조한 말씀입니다.


포교하는 사람은 사회 현실을 정견으로 이해해야 합니다. 포교사는 다양한 사람들에게 부처님 가르침을 널리 전하는 사람입니다. 여러 삶의 모습을 이해하고 올바른 가치관을 제시해야 합니다. 사람들이 희망을 안고 자비실천인 보살행을 지향하도록 지도해야 마땅합니다.

상대를 감싸는 사섭법四攝法을 잘 이해하면 도움이 됩니다.


① 물질·사랑·관용·포용으로 상대에게 대가없이 베푸는 실천입니다. 좋은 마음으로 도움 주고 베푸는 마음입니다. 이것이 보시布施입니다.

② 부드럽고 고우며 겸손한 말씨로 상대를 대하는 실천입니다. 언제 어느 곳에서나 바르고 고운 말씨로 사람을 대해야 합니다. 이것이 애어愛語입니다.

③ 언제나 남을 기쁘고 즐겁게 대하며 도움을 주는 행동의 실천입니다. 삶에서 내 주변부터 무언가 도와주는 일에 동참해야

합니다. 이것이 이행利行입니다.

④ 상대방의 외로움·슬픔·괴로움을 함께 나누며 보듬는 실천
입니다. 상대방 눈높이에 맞추어 편안하게 해 주는 행동입니
다. 이것이 동사同事입니다.


　부처님 법을 펼치는 전법의 최고 스승은 스님입니다. 스님들은
출가하여 몸과 마음을 바쳐 오로지 수행하는 일이 평생의 목적입
니다. 스님 한 분이 마음을 깨달으면 그 은덕은 모든 사람에게 고
루 미칩니다. 자장율사, 원효대사, 의상대사, 나옹선사, 서산대사
같은 역대 조사 스님들이 한없는 덕화를 끼친 스님들입니다.

　오늘날 우리 사회는 변화가 빠르고 다양한 사회입니다. 스님들
만 포교를 전담하기엔 너무 벅찬 시대입니다. 따라서 열심히 수행
하는 재가 불자들도 포교에 동참해야 합니다. 자기 직장이나 사회
곳곳에서 부처님 가르침을 펼쳐야 합니다.

　포교에 뜻을 둔 사람은 먼저 자기 마음을 다스려야 합니다. 부처
님 가르침을 믿고 실천하여 수행을 쌓아야 가능합니다.

　헤엄칠 줄 모르는 사람이 물에 빠진 사람을 구할 수 없습니다. 스
스로 부처님 가르침을 배우고 실천하면서 포교의 꿈을 키워야 합
니다. 자기 수행이 쌓여야 자신감에 찬 포교를 할 수 있습니다.『금
강경』에는 사구게 한 구절만 남에게 말해 주어도 그 공덕이 엄청나
다고 밝혔습니다. 그러기에 포교는 최상의 공덕을 쌓는 일입니다.

# 5. 삶에 녹아드는 포교

우리나라 과거는 농경사회였습니다. 가족 중심의 협동심과 마을 공동체 의식이 굳건했습니다. 힘든 일은 마을 사람들이 상부상조로 서로 돕는 농촌이었습니다. 부모와 조부모, 여러 형제들이 함께 생활하는 대가족이었습니다. 아이들이 가정에서 어른이나 형, 누이에게 자연스레 예절·인사·말씨를 본받으며 자랍니다.

이런 가정에서 자라는 아이는 저절로 사회성을 배우게 됩니다. 이런 모습이 50년~60년 전 우리 농촌 생활이었습니다.

그러다 1970년대 온 국민의 새마을운동이 나라 발전의 촉진제가 되었습니다. 국가 경제정책으로 차츰 산업사회로 진입하여 제품을 수출하기에 이릅니다.

오늘날 정보화 사회는 과거의 가치관으론 적응하기 어려운 시대입니다. 현재 우리들 삶의 모습은 종전과 크게 달라졌습니다. 현대 생활을 제대로 알아야 효율적 포교 방향을 정할 수 있습니다.

대도시 인구 집중으로 대단지 아파트가 해마다 들어섭니다. 삶의 기초 터전인 주거환경이 대부분 아파트형으로 바뀌었습니다. 폐쇄형 주택으로 이웃과 단절되어, 알고 지내거나 인정을 나누는 일이 드물게 되었습니다.

가족은 부부와 자녀 중심의 핵가족으로 변했습니다. 가족 구성이 부부와 자녀로 이루어진 세대가 대부분입니다. 또한 자녀 수도 대체로 1~2명이고, 3명 이상의 자녀를 둔 세대가 드뭅니다.

부부가 맞벌이하는 가구가 늘어나 가정교육이 제대로 되지 않습니다. 청소년이 개인적, 배타적 성향이 강하여 인성 교육에 어려움이 큽니다. 청소년들의 흡연·폭행·집단따돌림 같은 비행이 자주 발생합니다.

도시 대규모 공장에서 제품을 대량 생산하는 데 인력 수요가 늘었습니다. 농어촌 젊은이들이 직장을 구하려 고향을 떠나 도시로 유입됩니다. 농어촌에는 연세든 어르신들이 농사를 지으며 힘겹게 고향을 지키는 실정입니다. 농어촌엔 젊은 사람이 드물어 아기 울음소리 듣기가 어렵습니다.

국산 자동차가 대량 생산되고 국민 소득 수준이 높아져, 자가용은 국민들 필수품이 되었습니다.

1970년대 초 전국에 새마을운동으로 마을길 넓히기가 시작되었습니다. 각 지방도로 확장과 전국 고속도로가 계속 건설되었습니다. 교통망 확충으로 고속도로가 발달하여, 전국이 일일생활권입니다. 그로 인해 유동 인구와 물동량이 날로 증가하고 있습니다.

부산서 서울까지 2시간 40분에 주파하는 KTX 고속열차가 운행됩니다.

정보통신의 발달로 휴대폰은 국민들 필수품입니다. 개인용 컴퓨터가 웬만한 가정에는 설치되어 인터넷이 생활에 폭넓게 활용됩니다. 대부분 가정이 TV를 보유하여 24시간 계속되는 방송을 시

청할 수 있습니다. 국내뿐 아니라 외국 뉴스도 시시각각 전달되는 글로벌 통신망이 구축되었습니다. 휴대폰으로 서로 얼굴을 보면서 통화하는 영상통화 시대로 발전하였습니다.

생필품이 대량 생산·유통·소비되는 시대입니다. 각종 매체를 통한 광고 홍수 속에 소비자는 구매충동을 느끼며 살아갑니다.

잘 사는 사람과 못 사는 사람의 소득 격차가 점점 커졌습니다. 서민들은 상대적 박탈감에 잠재적 불만을 지닙니다.

IMF로 직장 잃은 사람이 노숙자로 전락하는 경우도 종종 발생합니다. 생산설비의 자동화로 노동력을 줄여, 직장인은 언제 그만둘지 모르는 불안감에 시달립니다. 이런 노동시장의 불안정에 가장의 실직으로 벼랑 끝에 몰린 가정이 생기고 있습니다.


교육 정책은 인력의 수요 공급이 균형을 맞추지 못했습니다. 4년제 대학 졸업자가 1년에 40만 명 이상 배출됩니다. 대기업들은 국제적 경제 불안으로 투자를 망설이는 실정입니다.

대졸 청년 실업자가 50만 명이 넘었다는 언론 보도입니다.

그런데도 생산 현장에서 일하는 노동은 기피합니다. 중소기업체는 외국인 근로자를 고용하여 공장을 가동하는 실정입니다.

주변엔 온갖 언론 매체가 그물망을 이루고, 손에는 스마트폰을 들고 나닙니다. 심시어 깜빡 잊고 휴대폰을 두고 오면, 불안해 공부가 안 된다는 학생들이 있습니다.

생활은 편리한데 사람들 마음은 안정을 얻지 못하는 현실입니다. 현대는 날마다 새로운 정보가 홍수처럼 쏟아집니다. 대부분 사람들이 삶에 대해 성찰할 마음의 여유도 없이 바쁘게 살아갑니다.

지금 당장 실행이 어려워도 미래의 포교를 위한 방안을 몇 가지 제시합니다. 산사 음악회는 이미 자리를 잡았다고 생각합니다.

첫째, 사찰의 법회 날짜를 다양하게 조정할 필요가 있습니다. 현재까지 지켜온 초하루·보름·지장재일·관음재일 법회는 그대로 실시합니다. 기존 신도나 연세 드신 분들에겐 익숙해져 있습니다.
몇 년 전부터 학교와 공공기관이 토·일요일 휴무합니다. 이에 따라 토·일요일 법회를 열어 어린이·청소년들이 참석하도록 대책을 세워야 합니다. 대도시 일부 사찰에서는 이런 법회를 시행하는 절도 있습니다. 청소년 법회시간은 꼭 사시마지를 기해 오전 9시에 열지 않아도 됩니다. 오전 11시쯤 시작, 한 시간 법회 후에 점심 공양을 제공하면 좋을 것입니다.

둘째, 우리의 전통 문화를 이어가는 법회를 열어야 합니다. 절에서 고유 전통을 잘 지키는 법회가 동지와 백중(우란분절)법회입니다. 여기에 삼월 삼짇날, 오월 단오, 칠월 칠석 법회를 추가해야 합니다. 백중 8일 전의 칠석 법회는 견우직녀의 설화로 사랑을 주고받는 날로 관심을 끌 수 있습니다.
어느 제과회사 과자 이름을 본 따서 '빼빼로 데이'가 있습니다.

청소년과 젊은 세대는 이 날을 모르면 놀림당할 정도입니다.

음력 3·5·7월은 봄에서 여름을 지나는 자연이 왕성한 계절입니다. 야외 법회도 가능하고, 야간 법회도 가능합니다. 꾸준히 계속하면 불교문화의 전통이 될 수 있습니다. 면밀한 계획을 세워 재미있는 프로그램을 운영하면 좋습니다. 신도들 관심과 참여의 폭이 점점 커질 수 있습니다.

셋째, 부처님 성도절인 음력 12월 8일을 보다 성대하게 기념해야 합니다. 온 세계에 처음 부처님이 되신 날이기 때문입니다. 부처님 오신 날 만큼은 못해도, 사찰 마당에 등을 밝히고 신도들이 모여 법회를 열어야 합니다. 날씨가 겨울이라 어려움이 있지만, 긴긴 겨울밤의 연등도 운치가 있을 것입니다. 촛불이 바람에 위험하면, 꼬마전구로 안전하게 등불을 밝힐 수 있습니다. 성도절이 어쩌면 부처님 오신 날보다 더 의미가 깊습니다. 성도절 법회는 설을 앞두고 있어, 불자들의 송구영신하는 행사로도 발전 가능합니다.

넷째, 어린이·청소년·젊은 세대 포교는 불교 미래라는 확고한 신념을 가져야 합니다. 이들이 자라 어른이 됩니다.

이들에게 한문교실·영어회화·바둑교실·다도·요가·어린이 예절 교실 같은 프로그램 중, 한두 가지 운영할 필요가 있습니다. 신도 중에 이런 지도능력을 지닌 분이 있는지 적극 찾아야 합니다. 방학 중에 1~2주 실시해도 되고, 학기 중에 3개월 정도 운영도

가능합니다. 학기 중에는 토요일 오전이 좋을 듯합니다.

다섯째, 사찰 재정이 허락되면 초·중학교 입학하는 신도 자녀들에게 학용품을 선물하면 좋아합니다. 큰 선물 아니라도 좋습니다. 영어사전·노트·필통·불교도서·단주·보온 물병 같은 선물이 필요합니다. 한두 가지를 택하여, 스님이 직접 나누어 줍니다. 이때 스님이 재미난 짧은 이야기를 해 주면 손뼉을 칠 것입니다.

부처님의 진리가 뛰어나다 해도, 널리 사람들에게 전법하지 않으면 소용없습니다. 포교하지 않으면 중생을 제도하려는 부처님의 자비를 알릴 방법이 없습니다. 따라서 전법은 최상의 공덕이요, 불자라면 누구나 실천해야 할 과제가 아닐 수 없습니다.

주지 스님이 먼저 포교를 최우선 과제로 삼는 원력이 필요합니다. 절을 찾는 사람들에게 친절한 안내가 포교의 첫 걸음입니다. 무엇을 물어 오면 성의껏 대답해야 합니다. 녹차라도 한잔 내어 주면 대화로 이어질 수 있습니다. 사람은 인정을 느끼면 관심이 생깁니다. 인정은 사람들 마음을 이끄는 향기와 같습니다. 친절한 인상은 마음속에 오래 남아 다시 찾는 동기가 됩니다.

절에 근무하는 종무원도 상냥하고 친절해야 합니다. 포교 담당할 팀을 3~4명 단위로 조직하여 운영합니다. 자원봉사자들이 참여하면 더 좋습니다. 스님과 재가자의 역할을 분담하면 보다 효과적입니다.

절에서 기도 팀을 만들어 스님이 꾸준히 진행하면 신도들이 관심을 보입니다. 가정의 좋은 일에, 가족이 절에 와서 참배하는 일도 바람직합니다. 법회 때 스님이 권장하면 그런 가족이 올 수 있습니다.

스님들이 신도를 가족처럼 소중히 대하면 절 분위기가 밝아집니다. 절에 오는 사람에게 친절히 안내하는 신도들의 자발적 활동이 필요합니다. 누구나 가고 싶은 절이 되면 포교에 커다란 도움이 되리라 믿습니다.

절에서는 신도를 반갑게 맞이하고 신도는 스님을 믿고 따라야 합니다. 신도들이 참여하는 템플스테이 힐링 프로그램도 효과를 거둘 수 있습니다. 가고 싶은 절, 머물고 싶은 절이 되면 포교는 성과를 거둘 것입니다.

가벼운 기분, 한가한 마음으로 누구든지 불교의 올레길 동참을 초대합니다. 올레길을 쉬엄쉬엄 걷듯 느긋한 마음으로 불교를 만나보기 바랍니다. 포교에 성공하는 절이 늘어나야 합니다.


종단과 사찰, 불교단체에서 포교 계획에 고려할 세 가지 필수사항을 듭니다.


① 먼저 비불교인이 불교에 관심을 갖고 믿도록 권하는 일입니다. 종교를 믿지 않는 사람에게 불교를 믿도록 안내하는 활동이 필요합니다. 절과 주민이 자주 어울리고 가까우면 불교에 매력을

느낍니다. 누구나 절에 가기 좋아하도록 시설과 프로그램 운용이
뒤따르면 금상첨화입니다.

② 종교를 물으면 불교라 말하는 사람들입니다. 부처님 오신 날
연등 달고는, 절에 안 가는 사람을 능동적 불자로 바꾸는 일입니
다. 또한 할머니나 어머니가 절에 다니니까, 불자라는 사람도 있습
니다. 소극적인 사람들이 불교 활동에 동참할 수 있는 길을 모색
해야 합니다. 이런 사람들이 절에서 열리는 법회에 오도록 장려하
는 방안이 필요합니다.

③ 타 종교인이 불교에 호감을 갖도록 원만한 관계를 유지하는
활동이 필요합니다. 종교 간에 서로 신뢰가 쌓이면 사회에서 종교
를 긍정적으로 보게 됩니다. 이웃 종교 행사에 스님이나 신도들이
참석하여 축하하는 활동도 좋습니다. 이런 일은 하루아침에 이루
어지지 않습니다.

어느 종교 지도자든지 반드시 다른 종교를 배려하고 이해하는
활동을 펼쳐야 합니다. 그래야 사람들이 종교의 필요성을 인정하
고 호감을 가지게 됩니다. 어떤 종교가 사회의 비난을 받으면, 다
른 종교에도 부정적 영향이 미친다는 사실을 잊지 말아야 합니다.
자기 종교를 열심히 믿으면서, 종교 전체를 아우르는 포용력이 절
대 필요한 시대입니다.

# 6. 간화선 입문 지도자 수련

불교신문에 조계종 간화선입문 프로그램 지도인력 양성과정이 개최된다는 광고가 실렸습니다. 광고를 보고 조계종단에 접수를 했습니다.

무더위가 기승을 부리는 2006년 8월 14일입니다. 아침 7시에 나는 부산 교육대학 앞 지하철역 부근에 나갔습니다. 잠시 후 동아대 박운용 교수, 동의대 차득근 교수와 함께 만납니다.

박 교수의 차를 함께 타고 충주 석종사로 향합니다. 중부내륙 고속도로를 타고 가다 휴게소에서 잠깐 쉬고 곧장 달렸습니다. 오전 11시 이전 석종사에 도착해야 합니다. 마침내 충주시내를 거쳐 석종사 방향으로 접어들었습니다.

석종사 주차장에 도착하니 10시 40분 정도 되었습니다. 각자 배낭을 챙겨 석종사로 올라갔습니다. 참석자들은 조계종 교육원에서 서류심사를 하여, 개별 통지를 받은 사람들입니다.

입구에서 접수를 마치니 수련교재와 수련복, 명찰을 나누어 줍니다. 수련생 사진과 프로필이 기록된 수첩도 받았습니다. 짐을 원흥료(종무소)에 모아 두고 공양간으로 갔습니다. 식판을 들고 밥과 반찬을 자율로 담아가는 배식입니다. 비구 스님들도 보였지만, 비구니 스님들이 더 많습니다.

오후 1시 30분에 보월당 3층 큰방에서 입재식을 갖고 기념 촬영이 잡혀 있습니다. 참석자 명단을 보니 비구 스님이 14명, 비구니 스님이 60명이었습니다. 재가 불자는 남자가 29명, 여자가 13명으로 모두 116명입니다. 안내서를 보니 숙소와 수련 장소는 같은 곳으로 짜여 있습니다.

비구 스님-금봉선원, 비구니 스님-보월당, 남신도(우바새)-천척루, 여신도(우바이)-보월당으로 배치하였습니다. 거사들은 천척루에서 수련복으로 갈아입고 왼쪽 가슴에 명찰을 달았습니다. 전체가 참석하는 합동 교육 장소는 보월당 3층 큰방입니다.

오후 1시 30분에 수련생이 보월당 큰방에 집합하여 입재식을 거행하였습니다. 조계종 포교원과 교육원에서 스님들과 종무직원이 참석하였습니다. 불교TV에서 행사 진행을 촬영합니다. 불교신문, 법보신문, 현대불교신문도 취재에 열심입니다.

석종사 금봉선원장 혜국 스님과 경북 봉화 금봉암의 고우 스님이 지도하십니다. 혜국 스님은 석종사에서 수련을 하는 것을 뜻 깊은 일이라 했습니다. 수련생들이 어려움이 없도록 뒷바라지를 하겠다고 약속했습니다.

고우 스님은 이번 수련으로 선禪을 착실히 체험하여, 사람들에게 선을 전하라는 격려를 하였습니다. 입재식이 끝나고 수련생과 지도 스님들이 한 자리에 모여 기념 촬영을 했습니다.

나누어 준 비닐팩에 핸드폰과 귀중품을 넣어 이름을 붙여 진행본부에 제출하였습니다.

다음 일정은 남녀 재가자들이 천척루에 모여 소개하는 시간입니다. 빙 둘러 앉아 순서대로 돌아가며 이름과 출신 지역, 경력 등을 간단히 말합니다. 모두들 쟁쟁한 경력을 지닌 불자들입니다. 이어 수련활동 조를 편성하고 조장을 뽑았습니다. 나는 11조에 편성되었고 인원은 10명입니다. 조장은 서울 화계사에서 정진하는 무공 거사가 맡았습니다.

한 시간 동안 수련 장소와 절 마당 청소를 하고, 오후 6시 저녁 공양을 들었습니다. 저녁 8시 보월당 큰방에 모여 조계종 포교원 원철 스님의 안내를 받았습니다.

수련 기간 동안 일절 도량을 벗어날 수 없으며, 문제를 일으키면 퇴방조치한다는 주의를 당부합니다. 우바새 전체를 책임질 찰중 한 사람을 정하라 합니다. 부산서 함께 간 박운용 교수가 찰중으로 추천되었습니다. 저녁 10시 일제히 취침에 들며 소등합니다. 천척루에는 29명의 거사 수련생이 나란히 누워 꿈나라 여행에 들었습니다. 수련 첫날은 이렇게 저물어 갔습니다.

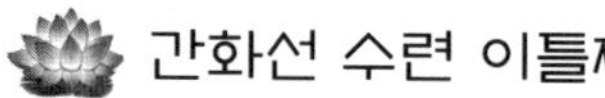 ## 간화선 수련 이틀째

이튿날 새벽 3시 기상입니다. 모두들 자기가 원한 수련이기에 아무런 불평이 없습니다. 일어나 이부자리를 개어 정돈하고 서둘러 세면장으로 갑니다. 밖에는 도량석하는 스님의 목탁 소리가 울립니다. 양치질과 세수를 하고 천척루에 모였습니다.

법고 소리와 범종 소리가 차례대로 울렸습니다. 천척루는 재가자 42명이 일주일 동안 예불 올리고 수련할 장소입니다. 방 한쪽에 정돈해 둔 방석을 인원 수대로 줄지어 놓습니다. 자리를 잡아 3배를 올리고 무릎을 꿇고 앉았습니다.

3시 30분 대웅전에서 예불하는 스님이 목탁을 칩니다. 우리는 대웅전 스님 따라 예불을 올립니다. 예불문, 반야심경은 따라하고, 축원할 때는 합장하고 귀를 기울입니다. 천척루는 대웅전 정면에 마주하고 있어 축원 목소리가 생생히 들립니다.

새벽 4시쯤 예불을 마치자 진행본부에서 안내 방송을 합니다. 세 곳 수련장에서 각각 50분 참선에 10분 방선을 하며, 2시간 수련을 하라고 합니다.

천척루 큰방에 대웅전을 향하여 네 줄로 방석을 깔고 앉습니다. 오른쪽에 여성 불자 13명이 앉았습니다. 죽비 집전은 부산서 함께 간 차득근 교수가 맡았습니다.

이제부터 본격적인 간화선 수련 시작입니다. 방석 뒤쪽을 조금 접어 엉덩이를 높이고 가부좌로 앉습니다. 탁! 탁! 탁! 죽비가 세 번 울립니다. 그때부터 숨소리도 들리지 않는 고요가 시작됩니다. 숨을 천천히 쉬면서 50분 동안 화두와 씨름합니다. 집에서 나는 매일 새벽 기상하면 30분 정도 참선을 합니다. 그래 30분 정도는 가볍게 지나갑니다. 더해진 20분이 꽤 길게 느껴집니다.

다시 화두를 다잡고 의심을 지어갑니다. 화두는 의심이 생명입니다. 의심이 목구멍에 가시처럼 딱 걸리면 지루함이 사라집니다.

이런 경우 성성惺惺하게 화두가 들린다 합니다. 화두가 들렸다 흔들렸다 씨름하는 동안에 방선放禪 죽비가 울립니다.

천천히 합장으로 허리를 굽힌 후 다리를 풀었습니다. 42명 모두 각자 방식대로 몸을 풉니다. 잠시 후 죽비를 한 번 치고 포행을 합니다. 죽비 잡은 사람을 따라 걷습니다. 다리와 허리의 혈액순환을 돕고 몸을 유연하게 푸는 과정입니다. 큰방을 천천히 몇 바퀴 돌고 다시 제자리에 앉습니다.

우리는 이 수련 과정을 마치면 참선 초보자를 가르칠 지도자들입니다. 단단한 각오로 가부좌를 틀었습니다. 죽비를 세 번 치고 참선에 듭니다. 쉬는 시간도 화두를 붙들어야 하지만, 분위기가 바뀌어 잘 되지 않습니다. 또 다시 화두를 다잡아 듭니다.

화두를 들면 평소 없던 생각이 꼬리를 물고 이어집니다. 그때 그 생각은 그대로 두고, 다시 화두만 챙기면 사라집니다. 이런 방법은 알지만, 마음대로 잘 안 됩니다. 화두가 들렸다 흔들리는 것이, 미꾸라지가 손에서 빠지는 것 같습니다. 그렇다고 포기하면 영원히 참선하고는 멀어집니다. 안 되는 것을 되도록 하는 노력이 불교 수행입니다.

아무나 화두가 성성하게 들리면 도인 안 될 스님이 없을 겁니다. 스님들은 출가하여 평생을 화두와 씨름하는데, 까짓 50분을 못 참이 하는 분발심이 생깁니다. 화두를 드는 선제 소건으로 대신심, 대분심, 대의정이 필요합니다.

모든 사람을 부처로 믿는 것이 대신심, '부처인 내가 왜 이렇게 살지?' 하는 마음이 대분심, 화두에 대한 간절한 의심이 대의정입니다. 의심에 몰두하면 다른 생각은 사라집니다. 오로지 체험으로 터득할 수 있습니다. 들렸다 흔들렸다 씨름하는 사이 50분이 흘렀나 봅니다. 방선 죽비가 울립니다. 오늘 오전 참선수련은 끝났습니다.

오후 7시 두 시간의 저녁 수련이 남아 있습니다. 몸을 충분히 풀고 공양간으로 갔습니다. 참선할 때는 음식을 평소의 반만 먹어야 합니다. 배부르면 참선을 제대로 할 수 없습니다. 가벼운 공양을 마치고 휴식을 조금 취했습니다.

7시부터는 도량 청소 시간입니다. 스님과 재가자가 함께 수련장과 절 마당, 도량 주변에 잡초를 뽑습니다. 햇살이 따가운 여름, 스님들은 하나같이 밀짚모자를 쓰고 작업을 합니다. 서로 이야기를 나누며 작업을 하니 시간이 금방 흘렀습니다. 오전 8시부터 한 시간 동안 고우 스님의 '선으로의 초대' 강의가 잡혀 있습니다.

제 6 장

# 날마다 기도하는 혜원정사

# 1. 부처님 오신 날 혜원정사 광경

부처님 오신 날 혜원정사 연등 풍경

　해마다 맞이하는 부처님 오신 날은 시민들의 축제행사가 된 느낌입니다. 한 달 전부터 절 부근의 거리에 색색의 등이 내걸립니다. 거리 연등을 보는 사람들은 초파일이 다가오는 것을 느낍니다. 회색으로 침묵하던 산야에 신록이 짙푸른 싱그러운 5월, 부처님은 이런 계절에 오셨습니다.

　부처님 오신 날 아침, 가족들과 함께 평소에 기도하는 혜원정사로 갑니다. 일주문에 해당하는 아취형 문을 지나니, 학생들이 가슴에 〈부처님 오신 날〉 리본을 달아줍니다. 사천왕문을 들어서니 이미 사람들이 많이 와 붐비고 있습니다. 연등을 접수하고 적어주는 등표를 받아, 절 마당에 줄지어 걸린 분홍색등에 달았습니다. 가족 등표가 매달린 등이 오늘 하루 우리 가족등입니다. 가족 모두 등표가 매달린 등을 향해 합장을 하면서 각자 소원을 빌었습니다.

대웅보전 안에는 이미 방석을 깔고 기도드리는 보살들이 자리를 거의 다 메웠습니다. 우리 가족은 불전을 넣고 삼배를 올렸습니다.

대웅보전 정면에는 욕불대를 설치해 놓았습니다. 탄생 아기부처님 머리에 향을 넣은 물을 세 번 붓는 관불灌佛의식을 하였습니다. 어린 손자들이 엄마와 함께 관불을 하며 재미있어 합니다.


2600여 년 전 지금의 네팔, 당시 카필라국 정반왕의 태자가 석가모니 부처님입니다. 어머니 마야 부인이 산월이 되어 고향인 코올리성으로 향합니다. 가는 길가 룸비니 동산에서 부처님은 탄생하였습니다. 산모가 왕궁으로 돌아오니 경사가 났다고 궁궐은 축복 분위기입니다. 정반왕에겐 50살이 넘도록 자식이 없었기 때문입니다. 그런 기쁨도 잠깐, 마야 왕비는 일주일 만에 그만 세상을 뜨고 말았습니다. 어린 태자는 그 후 이모인 마하빠자빠띠의 보살핌으로 자랍니다.

왕궁에서 태자에게 쏟은 정성으로 아기는 호강 속에 자랍니다. 부왕은 태자로서 받아야 할 교육에도 세심한 배려를 하였습니다.

태자는 갖가지 학문에 능통하게 되었고, 무술도 뛰어났습니다. 그
럼에도 싯닷타 태자는 어려서부터 자주 깊은 명상에 잠기곤 하였
습니다.

태자의 나이 열아홉 살에, 꼴리야 왕 숩빠붓다의 외동딸 야소다
라와 결혼하였습니다.

그 후 어느 날 성을 벗어나 동문에서 늙은이, 남문에서 병자의
고통을 목격합니다. 서문에선 상여 행렬을, 북문에서는 출가사문
을 만났습니다.

출가사문을 만난 후, 태자의 마음에 출가에 대한 생각이 섬광처
럼 떠올랐습니다. 사문을 만났던 날, 나들이를 마치고 저녁놀을 바
라보며 성으로 돌아올 무렵입니다. 성안에서 달려오는 말발굽 소
리가 들렸습니다. 그러자 시종이 소리쳤습니다.

"태자님, 기뻐하십시오. 태자비께서 아들을 낳으셨습니다."

짙어가는 저녁놀을 바라보던 태자가 입을 열었습니다.

"라훌라가 태어났구나. 속박을 낳았구나!"

새 왕손 탄생을 축하하는 7일 동안의 잔치가 끝났습니다. 모든
사람들이 지쳐 잠들어 궁전은 고요에 잠겨 있습니다. 궁전 안에
깨어있는 사람은 태자뿐입니다.

달이 서쪽으로 기울 무렵, 태자는 조용히 태자비의 방으로 걸음
을 옮깁니다. 태어난 지 이레 된 아들과 태자비가 깊은 잠에 빠져
있었습니다. 너무나 사랑스런 두 얼굴을 태자는 물끄러미 바라봅
니다. 한참 바라보다 천천히 발길을 돌려 마부 찬나의 방으로 갔

습니다.

"일어나라, 찬나야!"

"태자님 이 밤에 무슨 일이십니까?"

"깐타까에게 안장을 얹어라. 갈 곳이 있다."

고요히 잠든 까필라성의 성문을 나서며 태자는 다짐합니다.

'늙고 병들어 죽어야만 하는 이 고통을 해결하지 못하면 고향으로 돌아오지 않으리라.'

이런 결심을 하며, 태자는 희미한 달빛에 의지해 길을 재촉하였습니다. 동쪽 하늘이 밝아올 무렵 태자는 아노마(Anoma) 강기슭에 다다랐습니다. 말에서 내린 태자는 애마의 새하얀 갈기를 쓰다듬으며 말합니다.

"이제 너희들이 할 일은 끝났다. 찬나야! 깐타까와 함께 궁으로 돌아가거라."

찬나는 태자를 두고 혼자 돌아갈 수 없다고 애원합니다. 결연한 눈으로 바라보던 태자는 칼을 꺼냅니다. 태자의 머리카락이 허공에 흩어집니다. 상투를 장식했던 화려한 구슬을 찬나의 손에 건넵니다.

"이것을 부왕께 전하여라. 최상의 진리를 얻기 전엔 결코 돌아가지 않을 것이라 전해다오."

그리고 몸에 지녔던 장신구를 하나씩 풀었습니다.

"이것은 왕비께 드리고, 이건 태자비에게 드려라. 부디 슬픔에 오래 잠기지 마시라고 전해다오."

평생을 태자 곁에서 시중들던 찬나였습니다. 태자는 흐느끼는 찬나의 등을 가만히 다독여 줍니다.

"만나면 헤어짐이 있게 마련이다. 나를 낳으신 어머니도 이레 만에 죽음으로 이별하였다. 너와 헤어짐이 없을 수 있겠느냐? 깐타까와 함께 왕궁으로 돌아가 내 말을 전해다오. 너에게 하는 마지막 부탁이다."

슬피 우는 찬나를 뒤로하고 태자는 숲속으로 걸음을 옮겼습니다. 태자의 나이 스물아홉 되던 기원전 595년 2월 8일의 일이었습니다.

그로부터 몇 군데 숲속에서 태자의 6년 고행은 시작되었습니다. 베살리 부근에서 명성을 떨치던 알라라 깔라마와 함께 수행하였습니다. 그 뒤 라자가하에서 700명의 제자를 거느린 웃다까 라마뿟따를 만나 깨달음의 경지를 묻습니다. 그러나 그들의 가르침은 고뇌에서 완전한 해탈의 길이 아니었습니다.

더 이상 스승은 필요치 않았습니다. 홀로 독자적 수행을 할 결심을 합니다. 태자는 수많은 고행자들이 머무는 우루벨라 숲의 세나니에서 발길을 멈추었습니다.

아름다운 네란자라강이 굽이치는 숲입니다. 그곳은 땅이 기름져 숲이 우거지고 경관이 수려합니다. 마을 농가에는 온갖 꽃들이 만발하고 과일나무가 무성하였습니다. 마을 사람들은 순박하고 평온한 생활을 꾸려가고 있었습니다. 참으로 수행하기 좋은 곳이었습니다.

태자는 처음에 호흡을 멈추는 고행을 하기로 마음먹었습니다. 그러나 만족스런 결과를 얻지 못합니다. 그런 다음엔 음식을 줄이는 고행을 하였습니다. 목숨을 연명할 정도로, 숲속 과일이나 열매를 한두 개씩만 주워 먹었습니다. 이렇게 오래 계속하자 태자의 육신은 뼈만 남았습니다. 등뼈가 드러나고 갈비뼈는 낡은 서까래처럼 울퉁불퉁 모습이 드러났습니다.

이때의 모습이, 현재 파키스탄의 라호르박물관에 소장된 부처님 고행상입니다.

태자는 고행으로 뼈만 앙상한 몸을 돌아보았습니다. 고행으로는 선정을 얻을 수 없음을 알아차립니다. 태자는 누더기 옷을 입고 천천히 마을로 들어갑니다. 그때 마침 장군의 딸 수자따가 태자를 만나 우유죽을 올립니다. 수자따의 우유죽으로 기운을 차린 태자는 숲으로 걸어갔습니다. 핍빨라나무(보리수)가 그늘을 드리우고 있었습니다. 태자는 목동에게 꾸사풀을 몇 다발 얻어 보리수 밑에 깔고 동쪽을 향해 앉았습니다.

'어느 세상에서 얻기 어려운, 저 깨달음에 이르기까지, 이 자리에서 죽어도, 결코 일어서지 않으리라.'

이렇게 맹세하고 앉아 호흡을 가다듬고 주의력을 집중하였습니다. 차츰 모든 번민과 고통이 사라졌습니다. 모든 번뇌에서 해탈했다는 깃을 스스로 보게 되있습니다. 태자는 차례로 숙명동·천안통·누진통을 얻습니다.

동쪽 하늘을 바라보았습니다. 샛별이 마지막 빛을 사르는 동녘 하늘로 붉은 태양이 솟아오르고 있었습니다.

"나는 가장 높고 바른 깨달음을 성취하였다!"

이 세상에 오신 지 35년이 흐른 때였습니다. 진리를 찾아 나선 지 6년째인 기원전 589년 12월 8일의 일이었습니다. 서른다섯 살이 된 싯닷타 태자는 이제 부처님이 되었습니다.

부처님 오신 날은 룸비니 동산에서 태자가 태어난 날을 기리는 뜻 깊은 날입니다. 모든 불교인들은 이날을 맞아 정성껏 연등을 켜고 기원을 드립니다. 아울러 부처님 오신 뜻을 받들어 자신의 삶을 새롭게 다짐하는 날입니다.

부처님 오신 날 많은 불자들이 혜원정사에 찾아옵니다. 등 접수대에는 여러 사람의 보살님들이 분주하게 등을 접수합니다. 빨간 장미꽃 가지를 들고 법당으로 향하는 보살님도 보입니다. 대웅보전 앞마당엔 A자형 사다리에 올라 등표를 달아주는 학생들 손길이 바쁩니다.

법당 안에는 보살님들이 방석을 깔고 계속 절을 올립니다. 공양미와 향, 꽃바구니를 올리는 사람도 있습니다. 법당 안 아기부처님 욕불단에는 사람들이 줄을 서서 차례를 기다립니다. 청정한 물을 떠서 아기부처님 머리에 붓습니다. 엄마 품에 안겨 엄마 손과 함께 아기부처님 머리에 물을 붓는 아이도 보입니다. 아이는 재미있는지 방긋 웃습니다.

절 마당에 설치한 앰프에선 구성진 독경 소리가 울려 퍼집니다. 대웅보전과 육화전을 참배하고 식당으로 갑니다.

식당에는 신도들이 줄지어 서서 공양을 받아갑니다. 비빔밥과 오이를 썰어 넣은 미역냉국을 제공합니다. 가족끼리 모여 공양을 하며 도란도란 이야기를 합니다. 봄나물과 고추장을 버무린 절 비빔밥이 맛있습니다.

공양간에서 자원 봉사하는 보살들과 학생들이 분주히 움직입니다. 오늘은 누구든지 공양간에 오면 밥을 먹을 수 있습니다. 부처님 오신 뜻 깊은 날의 아름다운 정경입니다.

오전 10시 법요식이 다가오자 화사한 한복차림의 합창단원들 모습이 보입니다. 대웅보전 앞에서 절 마당을 바라보았습니다. 분홍색 연등이 햇빛을 받아 한결 은은해 보입니다.

절을 찾은 많은 사람들이 각자 소원이 있으리라 생각됩니다. 두 손 모아 정성껏 기도하는 사람들의 소원이 성취되면 좋겠습니다. 이 뜻 깊은 날에 부처님의 가르침을 깊이 새겨 행하려는 마음을 키워야 합니다. 부처님은 너희들 마음에 찬란한 불성이 깃들어 있다고 가르쳤습니다.

부처님 오신 날 연등을 밝히면서 마음의 광명을 함께 밝히는 하루가 되기를 기원합니다. 밝은 표정으로 희망을 안고 찾아온 사람들이 행복을 누리기 바랍니다.

# 2. 혜원정사 차문화茶文化 축제

　매일 새벽 기도하는 혜원정사에 차문화 축제 플래카드가 걸렸습니다. 예고한 2013년 6월 14일 혜원정사 제5회 차문화 축제가 열립니다. 행사 시작 전 9시 50분에 절에 도착했습니다. 절에는 이미 많은 신도들과 다인들이 붐볐습니다. 대웅보전 앞마당에 여러 개 차일이 설치되고, 테이블이 놓였습니다. 마치 옛날 대갓집의 큰 잔칫날 같은 분위기입니다.

　행사장인 육화전으로 들어갔습니다. 육화전은 200명 이상 앉을 수 있는 널찍한 법당입니다. 법당 바닥에 하얀 천이 깔렸습니다. 하얀 천은 미색 한복을 차려 입은 다인들 자리입니다. 법당 왼쪽에 여섯 줄로 앉아 있습니다. 모두 다구를 갖추고 있었습니다. 부처님께 삼배를 올리고 내빈들이 앉는 자리에 앉았습니다. 법당 오른쪽에는 일반 신도들이 빈틈없이 앉았습니다.

　쌍계총림 방장 고산 스님과 주지 스님, 내빈 스님들이 입장합니다. 혜원정사 이상수 신도회장과 부산 교수불자회 박영병 회장도 참석했습니다. 육화전 법당은 사람들로 빈틈이 없습니다.

　10시 정각, 혜원정사 다인회 금륜심 수석부회장의 사회로 차문화 입재식이 시작됩니다. 삼귀의·반야심경 봉송하고 모두 자리에 앉았습니다. 이어 방장 스님이 차를 마시는 공덕에 대한 간단한 법문을 하십니다.

차를 마시는 사람은 먼저 심신을 안정시켜야 한다. 차를 그냥 마시는 것으로 여기면 올바른 다인이 아니다. 불자라면 차를 마시면서 평온하고 안정된 마음을 길러야 한다. 수행하듯 겸손한 마음과 태도로 차를 마셔야 참다운 다인이다. 차를 마시면서 진정한 차의 의미를 늘 잊지 않아야 바른 태도다.

옛 스님들은 차에 세 가지 깊은 의미를 두었다. 맛과 향과 빛깔이 차가 지닌 세 가지 덕이다. 이런 덕을 음미하면서 차를 마실 줄 알아야 한다. 무엇보다 겸손하고 부드러운 마음과 행동을 유지해야 진정한 다인이라 할만하다. 모든 행동에 다인으로서 예절을 잘 지켜 모범을 보여야 가치가 있다. 차를 마시며 마음의 안정을 이루면 무엇보다 하심下心할 줄 알아야 한다.

우리나라 초의선사는 유명한 『동다송』이라는 책을 지었다. 그 책은 차를 마시는 사람의 정신과 행동이 어떠해야 하는지 자세히 가르치고 있다.

오늘 차문화 축제를 통해서 값진 체험을 터득하기 바란다. 불자들이 참다운 다인으로 부처님의 은혜를 잊지 않고 수행해야 할 것이다. 오늘 좋은 체험을 직접 해보기 바란다.

유익한 말씀을 하신 방장 스님께 예를 올린 후, 우렁찬 박수가 이어집니다. 혜원정사 주지 원허 스님은 차문화 축제에 참석한 다인들과 신도들을 격려하는 말씀을 하였습니다. 차에 대한 여러 체험을 해 보고 생활에 도움이 되기를 바라는 내용입니다. 뒤이어 하동 쌍계사 주지 스님의 축사와 신도회장의 인사가 있었습니다. 이로써 입재식은 끝났습니다.

스님들과 내빈들은 법당에서 명심전으로 자리를 옮겼습니다.

사회자가 오늘 참석한 다인회를 소개합니다. 범어사 다인회를 비롯, 쌍계사, 석왕사, 비우리정사, 부산 차문화진흥원이 참석하였답니다. 그리고 행사 일정을 간단히 소개하였습니다.

바로 이어 육법공양과 108헌다례를 올린다고 알렸습니다.

내빈들과 함께 명심전에서 나는 다인들이 정성껏 우려낸 녹차와 다과를 들었습니다. 차탁에 둘러앉은 스님과 내빈들은 담소를 나눕니다. 한복 차림의 다인들이 사뿐히 움직이며 우아한 분위기를 연출합니다. 모두 혜원다인회 회원들입니다.

절 마당 차일 친 테이블 주변엔 차와 다과를 드는 사람들이 줄지어 이야기꽃을 피웁니다. 부처님을 모신 절에서 누구나 참여하여 펼쳐지는 색다른 정겨운 광경입니다.

마당에서 펼치는 차 시연회를 둘러보았습니다. 붉은 와인색의 오미자차에 작은 별 모양의 배를 오려 띄웠습니다. 나누어 주는 차를 한잔 받아 마십니다. 달콤하고 향긋한 맛입니다.

녹차를 발효시킨 황차黃茶, 녹차 가루인 말차, 혜원정사 뒷산에서 자란 녹차를 고루 맛보았습니다. 여럿이 모여 두런두런 정겨운 차담을 나누는 두리차회가 펼쳐진 마당입니다. 미소 지어 밝은 표정으로 테이블에 둘러서서 차를 마십니다. 예쁜 색상의 모양을 낸 떡과 함께 차를 제공합니다. 오는 사람 누구에게나 다인들이 정성 껏 차를 권하는 모습이 참 흐뭇한 풍경입니다.

 다례시연과 녹차 덖음

점심 공양을 마치고 육화전에서 고려 다례 시연이 열렸습니다. 법당 왼쪽에 돗자리를 깔았습니다. 그 앞에 높이 1.5m, 폭이 4m 정도의 병풍을 쳤습니다. 한복 위에 다복茶服을 입은 팽주 두 사람 이 병풍 앞에 다구를 갖추어 앉았습니다. 그 맞은편 7m 정도 거리 에 평객 두 사람이 앉아 있습니다. 자세가 겸손해 보입니다.

법당 오른쪽엔 100여 명의 관람하는 신도들이 조용히 앉아 지 켜봅니다. 팽주가 정성을 다해 우려낸 차를 조심스럽게 들고 평객 앞에 놓습니다. 평객은 두 손으로 찻잔을 들고 차를 음미합니다. 사람들로 들어찬 법당에 침묵이 흐릅니다.

고려시대 다례는 현재 국내 다도에서 재연하는 경우가 드물다 합니다. 혜원정사 선다회에서 고증을 거쳐 시연하는 행사입니다.

시연하는 모습을 촬영하는 사람들이 많습니다. 이렇게 차를 우려 내고 마시는 다인들은, 다도를 통하여 심신이 정갈한 모습입니다.

육화전 앞 한쪽 차일에는 녹차를 덖는 시연이 펼쳐집니다. 커다 란 가스레인지 위에 차 덖는 널따란 가마솥을 걸었습니다. 혜원정 사 뒷산에 있는 차밭에서 바로 채취한 녹차를 10여 명의 보살들이 덮습니다. 모두 명심전에서 참선하는 보살들이라 합니다. 면장갑을 두 켤레 겹쳐 끼고, 뜨거운 솥 안의 찻잎을 손으로 계속 덮습니다. 잠시 후 꺼내어 무명천 위에 차를 올리고 비비기 시작합니다. 여러 번 되풀이한 후에 차를 말립니다.

관람객은 그 옆에서 차 덮는 모습을 생생히 볼 수 있습니다. 완전히 건조된 차는 투명 비닐봉지에 넣어 끝을 묶습니다. 그걸 원하는 사람에게 나누어 줍니다.

이날 절에는 연달아 오가는 사람들이 이어집니다. 오늘 차문화 축제는 사찰과 신도, 지역 주민이 함께 잔치 분위기로 어울린 행사입니다.

시대를 호흡하는 불교라면 당연히 시민과 어울려 발전해야 합니다. 부처님의 가르침은 참으로 고귀합니다. 진리를 믿는 사람이 많아야 세상이 밝아집니다.

차문화 축제는 사찰과 시민들의 정겨운 어울림 마당이었습니다. 지역 주민에게 열린 마음으로 베푸는 불교 정신을 살려낸 멋진 이벤트였습니다. 마음에 잔잔한 감동의 샘물이 고입니다.

# 3. 나는 이렇게 기도합니다

연산동 배산 쪽 연산중학교 언덕 위에 고산 스님이 세운 혜원정사가 우뚝 서 있습니다. 집에서 대략 700m 정도의 거리입니다. 아침 공기를 마시며 혜원정사에 운동하는 기분으로 걸어갑니다.

초창기엔 사천왕문 정면 대웅전 자리는 터만 확보해 놓았고, 육화전과 요사채가 먼저 건립되었습니다. 절을 세운 지 오래 되지 않았고, 불사 중이라 신도들이 많이 찾지 않았습니다. 절터 바로 위엔 소나무 숲이 우거져 공기가 한결 맑아 가슴이 트입니다. 상쾌한 마음으로 육화전에 들어가 작은 목소리로 관음정근을 하며 108배를 올립니다.

몇 년에 걸쳐 고산 스님은 혜원정사 대웅보전과 만불전·명심전 불사를 원만히 마쳤습니다. 도심에 위치한 절로는 규모가 큰 대찰의 모습을 갖추었습니다.

매일 기도를 올리는데 내게 가장 큰 영향을 끼친 스님은 해인사 성철 스님입니다. 성철 스님의 '남을 위해 기도하라'라는 가르침에 따라 원력을 세웠습니다.

1971년 12월 해인사에서 대불련 부산지부 겨울 수련대회 때, 나는 성철 스님을 친견하고 법문을 듣는 행운을 만났습니다. 스님을 친견하면서 눈부신 안광의 광채는 지금도 선명하게 각인되어 있습니다.

교직에 근무하면서 성철 스님의 법문집은 나오는 대로 사서 읽었습니다. 『자기를 바로 봅시다』, 『선문정로』, 『백일법문』, 『돈황본단경』, 『영원한 자유』를 비롯하여 선림고경 총서를 두루 정독하였습니다. 이 중에서 『자기를 바로 봅시다』는 수십 번 읽은 책입니다. 이 책에 성철 스님의 불교사상이 집약되어 있다고 믿습니다. 읽을수록 스님을 존경하는 마음이 깊어지는 내용으로 가득 차 있습니다.

### (1) 매일 올리는 기도

### ① 나라의 번영을 위한 기도

앙고 시방삼세 제망중중 무진삼보자존 불사자비, 지극정성 발원하옵니다. 남섬부주 동양 대한민국 삼천리강토와 동해·남해·서해·북해에 불국정토가 이루어지도록 자비하신 원력으로 굽어 살펴 주옵소서.

우리나라 국민들과 한민족·인연 있는 모든 사람들과 일체중생이 선심을 발하고 보리심 발하기를 발원합니다. 모든 사람들과 일체중생이 부처님의 정법을 믿고 따르면서, 아뇩다라삼먁삼보리를 얻어 보살행을 실천하도록 자비하신 원력으로 굽어 살펴 주옵소서. 대한민국에 불국정토가 이룩되도록 지극 정성 발원하옵니다.

② 세계 평화를 위한 기도

온 사바세계에 불국정토가 이루어지도록 자비하신 원력으로 굽어 살펴 주옵소서. 사바세계 모든 사람들과 일체중생이 선심을 발하고 보리심 발하기를 발원합니다.

사바세계 모든 사람들과 일체중생이 부처님의 정법을 믿고 따르면서, 아뇩다라삼먁삼보리를 얻어 보살행을 실천하도록 자비하신 원력으로 굽어 살펴 주옵소서. 사바세계에 불국정토가 이룩되도록 지극 정성 발원하옵니다.


③ 교통안전을 위한 기도

남섬부주 동양 대한민국 삼천리강토와 동해·남해·서해·북해와, 나아가 온 사바세계의 육로陸路·해로海路·공로空路 상에, 모든 차량과 선박과 항공기들이 안전운행을 성취하도록 자비하신 원력으로 굽어 살펴 주옵소서. 차량·선박·항공기의 안전운행을 지극 정성 발원하옵니다.


④ 세상을 떠난 영가를 위한 기도

남섬부주 동양 대한민국 삼천리강토와 동해·남해·서해·북해와, 나아가 온 사바세계의 일체 유주·무주고혼들을 왕생극락으로 천도하여 주시옵소서. 모든 태아 영가들을 왕생극락으로 천도하여 주시옵소서.

인간의 탐·진·치 삼독으로 숨진 일체 축생을 왕생극락으로 천도하여 주시옵소서. 도로에서 숨진 축생들을 구제하여 주옵소서.

지심귀명례 남방화주 대원본존 지장보살 지장보살 지장보살 지장보살 지장보살……

2분 정도 지장기도를 올린 후에,

나무 서방대교주 무량수여래불 나무아미타불 나무아미타불 나무아미타불 나무아미타불 나무아미타불……

3분 정도 아미타불 정근을 한 후에,

무량광중화불다 앙첩개시아미타 응신각정황금상 보계도선벽옥라 고아일심 귀명정례

⑤ 우리 아파트 주민을 위한 기도

부산시 연제구 ○○동 ○○ 아파트에 거주하는 주민들이 건강하고 무병하고 무사하고 병고에서 벗어나기 바랍니다.

삼재팔난을 면하고 선심을 발하고 보리심 발하기를 발원합니다. 주민들이 부처님의 정법을 믿고 따르면서, 아뇩다라삼먁삼보리를 얻어 보살행을 실천하도록 자비하신 원력으로 굽어 살펴 주옵소서.

보회향진언 옴 삼마라 삼마라 미만나 사라마하 자거라바 훔(세 번)
원성취진언 옴 아모카 살바다라 사다야 시베훔(세 번)
보궐진언 옴 호로호로 사야모케 사바하(세 번)


보현보살 십종대원 예경제불원 칭찬여래원 광수공양원 참제업
장원 수희공덕원 청전법륜원 청불주세원 상수불학원 항순중생원
보개회향원


나무석가모니불 나무석가모니불 나무시아본사 석가모니불


돈성무상최정각 광도법계제증생 이보제불막대은 세세상행보살
도 구경원성살바야 마하반야바라밀


108배를 마쳐도 절을 계속하며 축원을 합니다.

매일 새벽 같은 시각 육화전에서 기도를 올린 지 30여 년이 지
났습니다. 기도는 불보살께 감사하며 원력을 다지는 나의 일상으
로 자리 잡았습니다.

아울러 다겁생래의 업장을 참회하는 소중한 시간입니다. 기도하
며 절하는 그 순간, 마음은 감사와 기쁨으로 이어집니다. 108배 절
하며 나민 들리게 관세음보살을 계속 불러노 숨 가쁘지 않습니다.
여름철 땀이 흘러도 불편하지 않고, 한겨울 추위도 말리지 못합니
다. 간절한 마음으로 기도하는 시간이 내겐 무엇과도 비교할 수

없는 행복입니다. 기도 대상은 모두 내가 감사할 소중한 인연이기 때문입니다.


## (2) 국경일·기념일 기도


국가 기념일에는 평소 기도에 나라 조상님과 순국선열에 대한 기도를 더합니다. 월남전에서 전쟁을 체험한 나는 국가의 소중함을 뼈저리게 느꼈습니다. 월남전이 끝나고 자유를 찾아 조국을 탈출하는 사람들이 있었습니다. 그런 '보트 피플'의 처절함이 생생히 기억에 남아 있습니다.

나라가 망하면 자유도 없고, 부모형제도 생사를 모른 채 헤어질 수 있습니다. 1980년대 KBS에서 남북 이산가족 찾기 운동을 벌였습니다. 헤어진 가족을 오랜만에 만나 오열하던 혈육의 아픔을, 우리 국민은 눈물을 흘리며 TV를 지켜보았습니다.

월남 참전과 이산가족 상봉!

나라의 소중함을 가슴 깊이 새긴 충격이었습니다. 그로부터 삼일절 같은 기념일을 그냥 넘길 수가 없었습니다. 3·1 독립운동 때 나는 태어나지 않았습니다. 그렇지만 나라 위해 숨진 영령들을 위한 기도를 해야겠다는 생각이 일었습니다.


우리나라를 세우시고 지켜 오신 나라의 조상님과 순국선열·호국 영령들이 상품상생 왕생극락하시도록 자비하신 원력으로 굽어

살펴 주옵소서(세 번)

　지심귀명례 남방화주 대원본존 지장보살 지장보살 지장보살 지장보살 지장보살……


　2분 정도 지장기도를 올린 후에,


　나무 서방대교주 무량수여래불 나무아미타불 나무아미타불 나무아미타불 나무아미타불 나무아미타불……


　3분 정도 아미타불 정근을 하고,


　무량광중화불다 앙첨개시아미타 응신각정황금상 보계도선벽옥라 고아일심 귀명정례


　이렇게 기도를 올리고 집에 돌아와 태극기를 게양합니다. 그러면 기념일을 나름대로 마음에 새겨 보내는 느낌입니다. 나라는 영원토록 우리 후손들이 살아갈 삶의 터전이며, 길이 번영해야 할 조국입니다.

　다른 기념일도 기도 순서와 내용은 삼일절 기도와 동일합니다. 평소와 달리 국가 기념일은 그냥 넘길 수 없습니다. 나라의 은혜와 국민들의 인연에 고마움을 느끼며 보내는 날이 되었습니다.

## (3) 조상·외가·처가기도

세상 사람들은 부모가 되면 자식을 소중히 여기고 사랑합니다. 자신도 부모의 사랑으로 자랐다는 사실을 철이 들면 자연히 알게 됩니다.

또한 자식은 부모에게 잘해 드리고 싶습니다. 부모님 연세가 높아지면 편히 모시고 싶은 마음을 누구나 지니고 있습니다. 어려운 생활로 형편이 안돼서 그렇지, 여건만 되면 잘해 드리고 싶은 마음을 자식들은 품고 있습니다.

누구나 커서 어디서 무얼 하며 살든지, 어릴 적 부모님과 고향은 평생 잊지 않는 그리움입니다. 부모님이 없었다면 오늘 나는 존재할 수 없습니다.

태어나 얼마 후 외국으로 입양된 우리 아기들이 많습니다. 그들이 자라 엄마를 찾는다는 보도는 TV나 신문에서 종종 만납니다.

입양한 부모의 보살핌에 어릴 땐 모르다가, 철들어 입양된 사실을 알게 됩니다. 그러면 낳아준 진짜 엄마를 보고 싶을 것입니다. 낳아 기르지 않고 버린 엄마를 원망하기보다, 오로지 만나고 싶을 뿐입니다.

이런 심정이 자식으로 부모에 대한 원초적 그리움입니다. 부모 사랑으로 자란 사람은 이런 보도를 거울삼아야 합니다. 부모님 은혜를 되새길 기회로 여겨야 합니다.

부모와 자식 관계를 한 단계 위로 올라가면 우리의 조상입니다.

우리가 태어나기 전 세상을 떠난 할아버지 할머니도, 내 부모에겐 부모님이었습니다. 그분들 얼굴도 모르지만, 우리 부모들은 얼굴과 목소리도 기억합니다.

잎이 무성하고 열매가 풍성한 나무는 뿌리가 튼튼합니다. 뿌리가 약한 나무는 시들거나 태풍에 쓰러지고 맙니다. 사람에겐 뿌리가 바로 자기 조상입니다. 만약 조상이 없었다면 지금의 나는 존재할 수 없습니다.

이치로는 당연한데, 오늘날은 과거보다 조상 숭배 정신이 매우 약해졌습니다. 그렇다고 농경사회나 유교사상을 따르던 시대의 조상숭배도 지금엔 어려운 현실입니다.

우리가 오래전 세상을 떠난 조상들께 할 수 있는 일은 많지 않습니다. 윗대 조상은 시제를 올리고, 가까운 조상은 제사를 모시며 산소를 돌보는 의례가 일반적입니다. 그래서 나를 있게 한 조상님께 기도를 올리기로 마음먹었습니다.


○○ ○씨 가문의 ○○ 시조님을 비롯한 선조 조상님, 조부모님, 부모님의 영가가 상품상생 왕생극락하도록 보살펴 주옵소서 (세 번)

지심귀명례 남방화주 대원본존 지장보살 지장보살 지장보살 지장보살 지장보살……


2분 정도 지장기도를 올린 후에,

나무 서방대교주 무량수여래불 나무아미타불 나무아미타불 나무아미타불 나무아미타불 나무아미타불……

3분 정도 아미타불 정근을 한 후에,

무량광중화불다 앙첨개시아미타 응신각정황금상 보계도선벽옥라 고아일심 귀명정례

〈외가기도〉

보통 가문의 조상님은 부계 중심의 조상을 말합니다. 그런데 나를 낳아 길러준 어머니는 외조부모의 딸입니다. 나의 존재는 아버지와 어머니 두 분의 은혜를 똑같이 받아 태어났습니다. 부계 모계가 모두 소중한 인연입니다. 그래서 외가 조상의 기도를 올립니다.

저의 외가, ○○ ○씨 가문의 ○○ 시조님을 비롯한 외가 조상님, 외조부모님의 영가가 상품상생 왕생극락하도록 보살펴 주옵소서(세 번)

지심귀명례 남방화주 대원본존 지장보살 지장보살 지장보살 지장보살 지장보살……

2분 정도 지장기도를 올린 후에,

나무 서방대교주 무량수여래불 나무아미타불 나무아미타불 나무아미타불 나무아미타불 나무아미타불……

3분 정도 아미타불 정근을 한 후에,

무량광중화불다 앙첨개시아미타 응신각정황금상 보계도선벽옥라 고아일심 귀명정례

〈처가기도〉

우리 집은 아들딸이 셋입니다. 내가 가정을 이루어 살면서 태어난 아이들입니다. 이 아이들을 보면서 처가의 은혜를 생각합니다. 지금은 성장하여 셋이 모두 가정을 이루어 살고 있습니다.

자식 셋을 키울 때 아내가 어떻게 사랑을 쏟는지 생생히 보았습니다. 이런 아내의 근본은 처가의 조상님입니다. 자식을 보고 감사하는 마음으로 처가 조상님의 기도를 올립니다.

저의 처가, ○○ ○씨 가문의 조상님, 처조부모님의 영가가 상품상생 왕생극락하도록 보살펴 주옵소서(세 번)

지심귀명례 남방화주 대원본존 지장보살 지장보살 지장보살 지장보살 지장보살……

2분 정도 지장기도를 올린 후에,


나무 서방대교주 무량수여래불 나무아미타불 나무아미타불 나
무아미타불 나무아미타불 나무아미타불……


3분 정도 아미타불 정근을 한 후에,


무량광중화불다 앙첨개시아미타 응신각정 황금상 보계도선벽옥
라 고아일심 귀명정례


우리 조상님과 외가 조상님 기도는 나와 직접 인연이 연결되어
있습니다. 처가 조상님은 나와 부부 인연의 은혜를 입었습니다. 자
식에겐 낳아 길러준 어머니와 연결된 인연의 근본 뿌리입니다. 자
식들이 어머니의 은혜를 깊이 새겨, 자식 도리를 다하기 바라는
마음이 내면에 깔려 있습니다. 그래야 자식들도 제 아이를 키우며
처가의 은혜를 깨닫게 될 것입니다.


## (4) 신중단 기도


부처님을 향한 기도를 다 마치면, 혜원정사 육화전 오른쪽
에 모셔진 신중단에 기도를 올립니다. 모든 사람들과 일체중생,
불·법·승 삼보님과 사부대중을 영겁토록 수호하기를 원하는 기

도를 올립니다.

부처님 연기의 세계에 의하면 나와 남이 둘이 아니[不二法]라 합
니다. 따라서 남을 위한 기도가 바로 나를 위한 기도라 가르칩니
다. 우리가 믿는 불·법·승 삼보님과 사부대중의 수호 원력은 인
도에서부터 신중님들 본원이었습니다. 모든 신중님께 이 본원을
상기시키는 의식을 올린 후에 기도를 시작합니다. 나 또한 불제자
로 삼보님 수호 원력을 지녀야 하기 때문에 이런 뜻으로 신중기도
를 올립니다.


지심귀명례 화엄회상 육색제천중·지심귀명례 화엄회상 팔부사
왕중·지심귀명례 화엄회상 호법선신중


지심귀명례 금강회상 정법옹호 화엄성중(세 번)


화엄성중님이시여, 호법선신님이시여, 금강팔부신중님이시여
온 사바세계와 시방삼세 중중무진의 연기의 세계에 살고 있는 모든
사람들과 일체중생, 불·법·승 삼보님과 사부대중을 오늘부터 영
겁토록 수호하여 주시옵소서(세 번)


화엄성중 화엄성중 화엄성중 화엄성중 화엄성중 화엄성중……


절을 하면서 화엄성중 정근기도를 3분쯤 계속하다가, 마칠 때,

화엄성중혜감명 사주인사일념지 애민중생여적자 시고아금공경
례 고아일심 귀명정례


약인욕료지 삼세일체불 응관법계성 일체유심조


광명진언 옴 아모카 바이로차나 마하무드라 마니파드마 쯔바라
프라바룻타야 훔(세 번)


여래십호 여래·응공·정변지·명행족·선서·세간해·무상
사·조어장부·천인사·불세존, 마하반야바라밀 마하반야바라밀
마하반야바라밀


매일 새벽 기도는 4시 50분쯤에 시작하여 6시 10분쯤 마칩니다.
쌍계사 방장 고산 스님과 주지 스님은 4시 45분쯤 육화전 참배를
합니다. 내가 조금 일찍 가면 기도 중에 스님이 들어오십니다.

날씨가 추운 겨울에는 처음부터 계속 절을 합니다. 서서 기도하
면 추워서 귀와 손이 시립니다. 절을 하면 추위는 물러갑니다. 절
을 올리며 정해진 기도를 계속합니다.

중간에 두세 분 보살들이 참배하고 갈 뿐, 육화전에는 혼자 기도
합니다. 지극히 기도하면 온갖 생각이 사라집니다. 지그시 미소 지
어 날마다 기도하는 시간엔 행복한 마음입니다. 이런 법열이 바로
30년 넘게 기도 올린 공덕이라 확신합니다.

# 제 7 장

# 가야산 해인사의 손짓

# 1. 해인사 대불련 수련대회 추억

1971년 12월 29일 해인사 백련암, 성철 스님 바로 오른쪽이 필자

　찬바람 부는 스산한 겨울 오후, 해인사 아랫마을 버스 정류장에서 내립니다. 산길 도로를 한참 걸어 해인사 일주문 앞에 도착했습니다.

　몇 단계의 계단으로 된 일주문은 우뚝한 위용으로 우리를 맞이합니다. 일주문 옆에 서 있는 아름드리 고목은 해인사의 전설을 간직한 수문장 같습니다.

　신라시대 의상대사의 제자 순응·이정 두 스님이 해인사를 창건했습니다. 해인사는 팔만대장경을 소장하고 있는 법보사찰로 산세도 웅장하고 수려합니다. 절 주위 불그레한 몸통의 노송은, 해인사의 역사를 증명하듯 하늘 높이 치솟아 있습니다.

홍제암은 해인사 바로 옆에 있는 암자입니다. 암자 옆은 홍류동 맑은 계곡물이 끊임없이 흘러내리는 도량입니다.

수련대회는 입재식을 시작으로 일정에 따라 빈틈없이 진행됩니다. 당시 해인사의 주지는 지관 스님입니다. 고암 종정 스님과 일타·지월·수산·홍교 스님 등 훌륭한 분들이 청량한 법문을 하였습니다.

감로법문은 우리 마음에 잔잔한 감동의 파문을 일으킵니다. 처음부터 수련생을 지도할 법사는 원광 스님입니다.

초롱초롱 새벽별이 하늘을 수놓고, 산도 숲도 고요히 잠든 적막한 겨울 새벽입니다.

새벽 3시 30분. 도량석하는 스님의 목탁 소리가 잠든 수련생 귓가에 은은히 들립니다. 수련생은 침구를 정리하고, 수련복 입고 세면장에서 세수하기 바쁩니다. 곧바로 법당에 나아가 새벽 예불을 경건하게 올립니다.

지도하는 스님의 선창에 맞추어 "계향 정향 혜향 해탈향 해탈지견향…"으로 된 예불문을 힘찬 목소리로 합창합니다. 예불 올리는 동안 마음속에 잔잔한 환희심이 솟아오릅니다. 이런 것을 두고 옛 스님들은 법열法悅이라 했는지 모르겠습니다.

아침·저녁 예불을 마치면 참선이나 108배 참회하는 절을 올립니다. 겨울이지만 절을 30회 정도 하면, 추위는 사라지고 몸이 유연해집니다. 그때부터 절하는 동작이 한층 활발해집니다.

남녀 50명 정도의 수련생이 다함께 목탁 소리에 맞추어 절을 합니다. 관세음보살이나 석가모니불 정근을 하면서 절을 올립니다. 함께하는 분위기에 어울려 별 힘들지 않고 신명이 솟는 느낌입니다. 옆에서 절하는 여학생을 보면서, '남자가 힘들어 해 되겠나' 하는 오기가 솟는 때도 있습니다. 108배를 끝내는 목탁 소리가 울리면 홀가분한 기분이 듭니다. '나도 해냈구나!' 하는 뿌듯한 기분으로 기도한 보람을 느낍니다.

대학생으로 수련회에 참석한 사람들은 아직 참선에 익숙하지 못합니다. 스님 지도로 가부좌나 반가부좌로 척추를 바로 세우고 방석 위에 앉습니다. 단전에 지그시 힘을 넣어 숨을 고르면서 참선을 시작합니다. 초보자는 10분 정도 지나 다리가 약간 아파옵니다. 그래도 참고 계속 버티면 무릎이 저리고 가늘게 떨리기도 합니다. 30분 동안 좌선을 하면 마치는 죽비를 칩니다. 이때 죽비 소리는 정말 반갑습니다.

다리를 천천히 펴고 허리를 좌우로 돌려 혈액을 순환시킵니다. 참선을 끝냈을 때 휴식은, 앉아서 참았던 고통에서 해방입니다. 10분 쉬는 동안 스님을 따라 방안을 천천히 걷는 포행으로 다리를 풀어줍니다. 그리고 또 다시 자기 자리에 앉아 참선을 시작합니다.

처음 참선하는 사람은 화두를 들기보다 숨 쉬는 횟수를 헤아리는 수식관을 권합니다. 아랫배(단전)에 지그시 힘을 주고 척추를 바로 세운 상태로 앉습니다. 들숨을 천천히 마시고, 공기를 단전에 멈추었다 천천히 숨을 내쉬면서 마음으로 '하나'를 헤아립니다. '열'까지 헤아리고, 다시 '하나'에서 '열'까지 반복하는 방법이 수식관입니다.

좌선하는 수련생이 꾸벅꾸벅 졸거나 자세가 흐트러지면, 스님이 어깨를 가볍게 두드려 견책을 알립니다. 졸았던 사람은 합장을 하여 알았다는 동작을 합니다. 어깨를 안전하게 견책할 수 있도록 한쪽 팔을 방바닥에 대고 고개를 약간 구부려 줍니다. 그러면 스님이 죽비로 어깨를 가볍게 두세 번 때립니다. 죽비 소리가 '탁!' '탁!' 울리니까, 옆 사람들은 주의를 기울여 자세를 바로 하여 좌선하게 됩니다.

비록 서투르지만 좌선 자세로 고요히 참선하는 모습은 제법 의젓해 보입니다. 다리가 아파도, 나도 저런 모습일 거라는 상상으로 뿌듯함을 느끼기도 합니다.

날짜가 지날수록 처음 어색하고 힘들었던 자세들이 바르게 안정됩니다. 다리가 저린 것도 조금씩 줄어듭니다. 숙달이란 것이 이런 것이구나 하고 느끼면서, 수련대회 보람은 더해집니다.

스님들 선방에서는 50분 참선, 10분간 휴식으로, 매일 12~15시간이나 정진합니다. 안거 중에는 이렇게 90일 동안 계속한다니, 대단하다는 생각이 들었습니다.

처음 온 수련생에게 가장 힘든 것이 발우공양입니다. 발우공양은 분배된 밥과 반찬을 하나도 남기지 않아야 합니다. 공양이 끝나면 숭늉으로 발우를 제자리에서 깨끗이 씻어 정리하는 공양법입니다. 배식할 때 밥이 좀 많으면 덜어낼 수 있습니다. 반찬은 자기가 먹을 만큼 반찬 발우에 담아, 남기지 않고 다 먹어야 합니다. 그릇을 씻고 난 숭늉을 그대로 마십니다. 깨끗한 청수만 물통에 모아 흐르는 개울에 부어줍니다.

수련대회 중 처음 공양이 끝나면, 청수를 모아 스님이 검사를 합니다. 밥알이나 고춧가루가 물에 떠 있으면, 발우공양 잘못했다고 야단맞습니다.

수련회에 처음 참석한 사람은 이 과정을 넘기가 쉽지 않습니다. 잘못할 경우 벌칙으로 108참회 절을 시키기도 합니다. 108참회가 끝나고 나면, 우리끼리 '누가 밥알을 남겼지? 고춧가루는 누구 소행이지?' 하며 서로 웃기도 합니다. 서로 수련회 여러 과정에 적응하는 어려움을 겪으면서 이해하는 마음이 커집니다. 시간이 흐르면 법우들 간에 우정을 느끼는 변화가 옵니다.

수련회 회향 날 눈길을 걸어 우리는 백련암에 올랐습니다. 마침 성철 스님을 친견하고 법문을 듣는 행운도 누렸습니다.

스님 방에서 물러나 좌선실坐禪室 앞에서 성철 스님을 모시고 기념 촬영을 했습니다. 지금도 이 사진을 보면 수련하던 그때가 그립습니다.

이런 인연으로 매년 해인사에 몇 차례 찾아가 기도를 올립니다. 한겨울 눈 쌓인 해인사 수련대회, 내게는 평생 잊히지 않는 추억으로 생생하게 남아 있습니다.

# 2. 2013년 해인사 42년 만의 수련

사람들은 흔히 첫사랑을 잊지 못한다고 합니다. 기대와 설렘이 한껏 부풀었던 추억 때문일 겁니다. 나는 대학 때 해인사 첫 수련회를 잊지 못합니다. 세월이 흘러도 미련이 남아 있습니다.

2013년 초여름 불교신문에 해인사 여름 수련회 광고가 실렸습니다. 68세 될 때까지 미루다, 늦지만 용단을 내렸습니다. 1차는 초등부, 2차는 중·고등부, 3~5차는 일반인을 모집합니다. 해인사 템플스테이 홈페이지를 통해 신청해야 합니다. 8월 3일~7일까지 수련하는 제4차에 인터넷으로 신청했습니다.

준비물에 운동화와 흰 고무신이 있습니다. 날씨는 연일 무더위가 기승을 부립니다. 배낭에 준비물을 챙겨 3일 오전 10시쯤 차를 몰고 해인사로 향합니다. 오후 1시까지 해인사 보경당에 도착해야 합니다. 따가운 햇살이 눈부실 지경입니다. 해인사 옆으로 흐르는 홍류동 계곡엔 피서하는 가족들 물놀이가 한창입니다.

도착하여 보경당에 가니 몇 사람이 짐을 놓고 가만히 앉아 있습니다. 잠시 후 파란색 셔츠를 입은 자원봉사자들이 접수를 받습니다. 명찰과 수련복, 교재를 받았습니다.

부처님 모신 불단 앞에 1조에서 4조까지 바닥에 크게 써 붙여 놓았습니다. 흰 셔츠와 회색 개량 한복바지를 입고 명찰을 목에 걸었습니다. 벽에는 '묵언'이란 큰 글씨가 몇 군데 붙어 있습니다.

얼마 후 습의사 스님이 자기 조 앞에 서서 조별로 모이라 합니다. 편성된 명단 순서가 수련번호입니다. 나는 1조에 두 번째 자리입니다. 조별로 1번이 조장입니다.

우리 조 담당 건봉 스님이 내게 제일 연장자라 합니다. 수련에 나이는 내려놓습니다. 학생수련회 지도를 오래하여 어려움은 느끼지 않습니다.

휴대전화, 지갑, 시계, 자동차 키, 여성의 화장품 같은 소지품 넣을 비닐봉지를 나누어 줍니다. 봉지에 붙은 스티커에 이름을 써서 스님에게 제출합니다.

포교국장 여해 스님이 참석하여 입재식을 올렸습니다. 국장 스님은 스스로 참석한 수련회를 알차게 보내라 당부합니다. 집에서보다 힘들어도 습의사 스님들에 따르면 능히 해낼 수 있다고 격려합니다. 해인사 스님들 수행을 직접 보면 용기가 날 것이라 합니다.

보경당 뒤쪽 선반에 수십 개의 발우가 번호별로 놓여 있습니다. 이어 지형 스님이 번호대로 발우를 갖고 앉게 합니다. 키가 훤칠하고 얼굴이 앳되어 보이는 스님입니다. 조별로 한 줄씩 4열로 앉아, 두 조가 마주 보고 발우공양을 배웁니다.

먼저 발우수건을 접어서 오른 무릎 위에 놓습니다. 발우보를 풀어 접은 뒤, 발우수건을 포개어 놓습니다. 수저 든 시저대를 위에 얹어 무릎 앞에 놓습니다. 발우 밑에 까는 천 발단을 펴고, 차례로 어시발우, 1분자-2분자-3분자 순서로 발우를 펼칩니다.

절에서는 배식을 '행익'이라 합니다. 죽비 한 번 치면 각 조에서 3명씩 나와 서서 반배합니다. 반배 후 맡은 공양구를 들고 행익을 진행합니다. 행익은 '청수-밥-국-반찬' 순서로 진행합니다.

행익은 윗자리에서 아래 자리로 이어집니다. 청수·밥·국은 행익하고, 찬상은 옆으로 돌려 각자가 반찬 발우에 담습니다. 행익이 끝나면 합장으로 공양게송을 합니다.


이 공양이 어디서 왔는가. 내 덕행으로 받기가 부끄럽네. 마음의 온갖 욕심 버리고 육신을 지탱하는 약으로 알아 깨달음을 이루고자 이 공양을 받습니다.


공양 땐 묵언으로, 음식 떠먹을 때 안보이게 발우를 들고 먹습니다. 공양 중 단무지나 김치가닥을 하나 남겨둡니다. 나중에 발우를 씻을 때 행주처럼 사용할 것입니다.

절 음식은 비린내 나는 반찬이 없어 깔끔합니다. 처음 수련생은 발우공양이 힘들다 하지만, 한 번만 해 보면 그다지 힘들지 않습니다. 스님이 내일 아침부터 발우공양을 예고합니다.

휴식 후 지형 스님과 4조를 맡은 종규 스님이 사찰 예절을 지도합니다. 수련생은 스님을 따라 삼배를 익히고 차수도 배웁니다.

걸을 땐 두 손을 맞잡고 배꼽 밑에 붙이는 차수를 해야 합니다. 경내에서 스님을 마주치면 합장인사를 합니다. 보경당을 드나들 땐 부처님께 합장 반배를 합니다. 수련생끼리 잡담을 금하며 수련장에서는 철저히 묵언입니다.

첫날 저녁 공양은 공양간에서 합니다. 스님들 공양이 먼저 시작되고, 우리는 5시 30분에 공양합니다. 공양간 행자 스님들이 묵묵히 일하는 모습에 감사를 느낍니다.

저녁엔 기획국장 원창 스님이 수행의 필요성에 대한 강의를 했습니다. 저녁 8시 30분에 세면장에서 씻고 9시엔 소등합니다.

18명의 남자 수련생은 보경당에서 잠자리에 들었습니다. 19명의 여성 불자들은 1층 포교국 옆 큰방이 숙소입니다.


8월 4일, 새벽 3시에 기상합니다. 세면장에서 세수하고 모두 보경당에 모입니다. 도량석이 끝나고 종루에서 법고를 칩니다. 큰북 소리가 새벽 공기를 타고 심금을 울립니다. 이어서 범종이 울립니다. 은은한 범종소리가 여운을 남기며 새벽 공기를 뚫고 퍼집니다. 범종을 칠 때 우리는 자기 방석을 들고 스님 따라 대적광전으로 갑니다. 목어·운판을 모두 치면 큰법당에서 새벽예불을 올립니다.

법당에는 스님들이 무릎 꿇고 단정하게 앉아 있습니다. 소리 하나 들리지 않고 정숙합니다. 우리는 법당 뒤쪽에 방석을 놓고 3배 후 무릎 꿇고 앉아 대기합니다. 대적광전 넓은 법당이 스님들로 가득 메워집니다. 승가대학 학인을 비롯한 대중 스님들이 모두 새벽 예불에 참석합니다.

얼마 후 예불이 시작됩니다. 많은 스님들이 합창하는 예불 소리가 우렁차 환희심이 절로 솟아납니다. 예불 후에 맨 앞쪽에 한 분 스님이 서서「이산혜연선사 발원문」을 양팔로 펼쳐들고 읽습니다. 다른 절에서는 볼 수 없는 해인사의 사풍寺風입니다.

이어 법당 오른쪽 신중단을 향해『반야심경』을 봉송하고 나면 예불이 끝납니다. 어간에 계신 어른 스님께 인사를 올린 후 앞자리부터 법당을 나갑니다. 나간 스님들은 법당 밖에 모여 두 줄로 나란히 이동합니다. 이것을 기러기 나는 모습과 같다 해서 안행雁行이라 합니다.

우리는 방석을 들고 손전등을 켜, 스님 따라 성철 스님 사리탑으로 갑니다. 원형 사리탑 주변에 빙 둘러앉아 스님의 죽비에 맞춰 참선을 합니다. 30분 정도 지나서 죽비를 쳐 좌선을 마칩니다. 날씨는 맑고 주변은 어둑합니다.

스님이 방석 위에 모두 누워 하늘을 보라 합니다. 방석에 누우니 하늘에 별이 쏟아질 듯 가까이 반짝입니다. 별과 내가 무척 가까워진 느낌입니다. 대도시 하늘에선 볼 수 없는 아름다움입니다. 5분쯤 후에 일어나 수련장으로 돌아옵니다.

아침은 발우공양입니다. 1·2조가 공양간에 가서 준비해 둔 공양을 운반합니다. 지형 스님이 가운데 앉고, 두 조가 마주 보고 앉습니다.

1·2조에서 3명이 나와 행익을 합니다. 나는 청수를 따랐습니다. 스님 지도로 배운 대로 발우공양을 조심스럽게 합니다. 공양이 끝나면 스님이 오늘 일과를 전달합니다.

오전에는 원당암·홍제암·용탑선원 암자 순례를 했습니다. 암자

마다 특징이 있어 보입니다. 원당암 선방엔 재가자들이 참선중입니다.

점심 공양 후엔 부모은중경을 스님과 함께 독경합니다. 경전 내용이 부모님 은혜가 마음 깊이 사무치게 합니다. 이어 부모님께 올리는 편지와 가족에게 유언장을 썼습니다. 지나온 삶이 주마등처럼 스치며 마음이 숙연해집니다.


8월 5일, 수련 3일째입니다. 새벽 예불 후 사리탑 참선을 마치고 보경당에 모였습니다. 스님이 수련생 이름을 한 명씩 부릅니다. 불린 사람은 맨 앞쪽 독립된 방석에 앉아 우리를 보고 합장합니다.

그를 향해 수련생과 스님이 "○○○ 부처님 감사합니다!" 합창하며 일제히 절을 합니다. 4조부터 시작합니다. 우리가 불성을 지닌 고귀한 존재라는 사실을 확인하는 의식입니다. 수련생 너나없이 경건해지는 감명 깊은 프로그램입니다.

오늘 오전에도 지족암·희랑대·백련암을 차례로 순례했습니다. 지족암 주지 스님은 차탁에 둘러앉은 우리에게 차를 따릅니다. 은사 일타 스님을 시봉한 얘기를 들려줍니다. 스승 공경하던 정성이 느껴집니다.

성철 스님 계시던 백련암은 높은 위치의 암자입니다. 스님의 존상을 모신 고심원에서 반야심경을 봉송했습니다. 모셔진 스님을 우러러 보니 40여 년 전이 생각납니다. 대불련 수련 때 들려주신 법문이 떠오릅니다. 스님의 "남을 위해 기도하라"던 말씀이 또렷

이 기억납니다.

백련암에서 발행하는 『고경』 한 권씩 받아서 내려 왔습니다. 오늘따라 날씨가 숨 막힐 정도로 무덥습니다.

오후엔 일주문 밑에서 장경각까지 맨땅에 삼보일배를 합니다. 2시에 도로에 두 줄로 늘어섰습니다. 폭염이 쨍쨍 내리쬐고 땀이 흐릅니다. 앞장 선 건봉 스님을 따라 삼보일배로 장경각으로 전진합니다. 목탁 소리에 맞춰 석가모니불 정근을 하며 절합니다. 구광루 앞 정중탑까지 오니 온몸은 땀으로 젖습니다. 무릎과 이마엔 땀과 흙 범벅입니다. 해인사를 찾은 사람들은 옆에서 구경꾼이 됩니다.

나는 1조라 스님 뒤에 바로 따랐습니다. 대적광전을 한 바퀴 돌아갑니다. 한참 가도 끝이 없는 느낌입니다. 어렵사리 장경각 앞에 도착합니다. 뒤에 이어진 조원이 올 때까지 합장하고 서서 정근합니다. 수련생 한 사람도 낙오 없이 삼보일배를 마쳤습니다. 땀과 흙 범벅이지만 수련생 얼굴엔 뿌듯함이 느껴집니다.

8월 6일, 수련 나흘째입니다. 아침 공양 후 9시부터 1080배를 시작합니다. 방석에 수건을 깔고 땀 닦을 수건도 준비합니다. 2조를 맡은 도무지 스님이 죽비를 치며 절을 합니다. 300배씩 한 후에 잠깐 휴식을 합니다. 무더운 날씨에 수련생 옷은 땀에 흥건하게 젖었습니다. 900배를 마치고 나서 스님은 우리를 둥글게 마주 바라보게 세웁니다.

마지막 108배는 서로 마주 보고 감사의 마음으로 죽비에 맞춰 절을 올립니다. 스님도 우리를 보고 절을 합니다. 마주 보는 도반을 부처님으로 여기는 절은 정성이 더해집니다. 수련회 아니면 행할 수 없는 값진 체험입니다.

마주 본 108배의 감회로, 지친 피로가 싹 풀리는 느낌입니다. 그 감동은 수련생에게 활력이 솟게 합니다. 얼굴을 씻고 땀을 식히며 휴식 후 공양간에서 점심 공양을 했습니다. 오후에는 해발 1,200m 정도 높이에 서 계시는 마애불 참배 등산을 합니다.

1,200여 년 동안 일반인에겐 공개되지 않은 보물 제222호입니다. 흰 고무신을 운동화로 갈아 신고, 밀짚모자를 쓰고 마당에 모입니다. 자원봉사자가 삶은 감자와 얼린 물병을 넣은 비닐봉지를 하나씩 줍니다. 날씨는 숨이 막힐 듯 무덥습니다. 아이패드 PC를 든 도무지 스님이 앞서 인솔합니다. 장경각 뒤 수미정상탑을 지나 숲이 울창한 등산로에 접어듭니다. 길가 계곡엔 냇물이 소리 내며 흐르고 산새 소리 매미 소리도 가끔 들립니다. 해인사에서 마애불까지 2.3km 정도 됩니다.

평탄한 길을 얼마 걸으니 좁고 가파른 비탈길입니다. 수련복 셔츠에 땀이 배어 젖습니다. 시원한 물가에서 휴식을 합니다. 물병에 녹는 물을 계속 마셔 물이 떨어졌습니다.

가파른 길을 계속 오르니 마애부처님이 보입니다. 지형·건봉 스님이 처진 사람과 함께 뒤따라 올라옵니다.

부처님 앞에 절할 공간이 넓지 않습니다. 감자와 과일 청수를 올리고 돌아가며 부처님께 삼배를 올립니다. 다함께 『반야심경』을 봉송하며 소원을 빕니다. 마애불 주위엔 소나무가 울창합니다. 수련생 전체 기념 촬영을 합니다.

해인사의 절터가 배 모양인데, 마애부처님이 선장이라 전해옵니다. 대적광전 앞 정중탑은 돛대에 해당된다 합니다.

내려오는 길은 걸음이 가볍습니다. 해인사 수련회에서 마애불 참배 후 일정을 하이라이트라 합니다. 홍제암 부근 넓은 계곡 물놀이에 붙여진 이름입니다.

계곡에 내려오니 자원봉사자들이 큰 수박을 여러 개 준비해 두었습니다. 수박을 잘라 수련생과 스님들 모두 시원한 수박을 먹습니다. 신발 벗고 냇물에 발을 담그고 바위에 기댄 채 먹습니다. 무더위가 사라질 정도로 물이 시원합니다.

이때 일이 벌어집니다. 먼저 지형 스님이 두 손으로 물을 힘차게 수련생 보살에게 끼얹었습니다. 보살들은 순식간에 물 폭탄을 맞습니다. 젊은 보살들 옷은 완전히 젖었습니다.

당한 보살들도 뒤질세라 스님께 공동으로 물을 끼얹었습니다. 지켜보던 건봉 스님도 가담합니다. 몇몇 거사들도 물을 맞았지만 주로 보살들이 물 공격 대상입니다. 두 스님의 옷은 그야말로 물에 빠진 생쥐 모습입니다. 물 맞는 보살들은 놀라 소리를 지릅니다.

멀찍이시 지켜보니 스님과 수련생이 어울린 물싸움입니다. 다들 옷은 이미 버렸으나 재미있어 합니다. 피하지 않은 보살들은 모두 물을 뒤집어 썼습니다. 어린아이들 물놀이와 조금도 다르지 않습니다.

천진난만한 동심의 세계로 돌아간 느낌입니다. 해인사 수련회에서 가장 잊을 수 없는 추억이 이곳 물놀이로 알려져 있습니다. 스님과 불자들이 가장 가까워지는 재미있고 즐거운 프로그램입니다.

산그늘이 꼬리를 길게 늘일 무렵, 우리는 절로 돌아왔습니다. 목욕장에서 몸을 씻고 옷을 갈아입은 후, 보경당에서 잠깐 휴식을 취합니다. 흰 고무신으로 갈아 신고 공양간에서 저녁 공양을 합니다.

저녁 예불 후 처음 수련생의 묵언을 풀고, 스님과 대화시간이 있습니다. 오후 7시 조별로 둥글게 앉으니 자원봉사자들이 음료수, 과자, 초코파이를 조별로 분배합니다.

1조 건봉 스님, 2조 도무지 스님, 3조 지형 스님, 4조 종규 스님이 자기 조에서 함께 대화합니다. 각 조별로 둘러앉아 순서대로 수련 소감을 말합니다. 한 사람씩 합장하여 소감을 발표합니다. 힘들었기 때문에 지나고 보니 더 값진 수련회라 말합니다. 스님들의 정갈한 수행 모습과 해인사 사풍을 생생히 느낀 수련회였습니다. 역동적이며 질서 있는 스님들 수행 모습은 볼수록 감동입니다.

오늘 8월 7일, 수련회가 끝나는 날입니다. 오전 8시 보경당에서 율원장 서봉西峰 스님을 계사로 수계식을 하였습니다. 계사 스님은 부처님 정법은 계율이 살아 있어야 올곧게 영겁토록 이어진다고 설합니다.

수계식 후 습의사 스님은 조별로 소지품을 되돌려 줍니다. 수련생 중에 미국 뉴저지 주에서 참석한 여성도 있습니다. 그녀는 감회가 남다른 모양입니다.

맡겼던 소지품을 받으며 건봉 스님께 진심으로 감사드립니다. 마지막으로 정성스레 손을 잡습니다. 4박 5일 동안 우리를 지도한 스님의 노고에 고마울 뿐입니다. 스님과 작별하며 아쉬움을 감추지 못하는 보살들도 있습니다. 눈시울이 촉촉해지는 보살도 보입니다. 비록 스님과 재가자 사이지만 수련 동안 따뜻한 인정을 흠뻑 느꼈습니다.

스님과 작별하고 대적광전을 향해 합장으로 인사를 올립니다. 배낭을 승용차에 싣고 아쉬움을 안고 해인사 경내를 천천히 벗어납니다. 4박 5일 일정이 주마등처럼 뇌리를 스칩니다. 도로변 우거진 나뭇잎이 한들거리며 길손을 보내는 느낌입니다.

나무야! 다음에 또 올게, 안녕!

# 3. 팔만대장경 정대불사의 환희

온 산야에 새로운 생명이 약동하는 2009년 4월 11일.

이날 햇볕은 포근하고 산들 봄바람이 승용차창을 스칩니다. 해인사 IC를 지나자 도로 양쪽에 벚꽃이 터널을 이루었습니다. 활짝 핀 벚꽃이 길손을 반기는 화사한 미소를 짓습니다. 벚꽃 터널을 지날 때 봄바람에 벚꽃 잎이 마치 눈송이같이 하늘거리며 흩날립니다. 햇살을 머금고 날리는 꽃잎이 손짓하는 풍경이 봄날의 운치를 더합니다.

주차장에서 해인사에 이르는 길은 그야말로 인산인해를 이루었습니다. 꼬리를 물고 이어지는 사람들을 따라 해인사 일주문 계단을 오릅니다. 구광루 앞에서부터 사람들이 더 붐볐습니다. 정중탑이 자리한 구광루 앞마당이 법회장입니다.

그곳엔 불자들이 발 디딜 틈도 없이 앉아 법회 시작을 기다립니다. 대적광전 아래 괘불대에 대형 괘불이 걸리고 식단 앞쪽에는 많은 스님들이 의자에 앉아 있습니다. '국운융창 남북통일 법륜상전'이라고 쓴 대형 플래카드가 정면에 걸렸습니다.

잠시 후 2009년 호국 팔만대장경 정대불사 및 부처님 사리 친견 대법회가 시작됩니다. 서울 불광사 신도들의 육법 공양이 경건하게 이어집니다. 삼귀의－봉행사－발원문에 이어 나라와 민족을 위한 기원 불공이 시작됩니다.

이어 해인사 주지 선각 스님이 봉행사를 낭독합니다. 다음 해인사 승가대학장 법진 스님이 '국운융창 남북통일 법륜상전' 취지의 발원문을 낭독합니다. 고려시대 호국 팔만대장경을 모신 민족정신으로 국운이 융창하기를 바라며 남북 평화통일을 기원하는 발원입니다. 아울러 부처님의 가르침이 온 세계에 널리 퍼지기를 염원하는 내용입니다.

이어 나라와 민족을 위한 기원 불공이 시작됩니다. 마이크 앞에 집전하는 스님이 목탁을 치며 선창을 합니다. 앰프에서 퍼지는 청량한 스님의 독경 소리에 맞춰, 수천 명의 대중들이 우렁차게 천수경을 외우면 신심이 절로 납니다. 대적광전 앞 식장에는 환희와 경건한 신심의 열기가 파노라마처럼 넘실거립니다. 우렁찬 독경 소리가 가야산 자락으로 울려 퍼집니다. 참으로 환희심 넘치는 법회 모습입니다.

행사장 양쪽 출입문을 통하여 불자들이 계속 들어오고 있습니다. 식장에 들어서서 나도 합장으로 그대로 독송을 따라합니다. 법회장에 퍼지는 목탁 소리와 함성의 조화는 신명나는 농악열기를 연상케 합니다. 어떠한 악기로도 도무지 그대로 소리 낼 수 없는 장엄한 코러스입니다. 가야산이 응답하는 메아리와 어울려 허공으로 자취 없이 피어오릅니다.

천수경의 신묘장구대다라니는 인도의 범어梵語라 우리말의 리듬과는 상당히 다릅니다. 음악처럼 울리는 합창과 같은 다라니 독경 소리는, 참석한 불자들에게 환희심을 솟게 합니다. 나 또한 환희심과 신명이 느껴집니다. 마치 부처님이 영산회상에서『법화경』을 설하던 모습 같습니다. 법회장 뒤쪽 사람 틈에서 그런 분위기에 어울려 천수경을 암송합니다. 모두가 천수경을 외우는 화음으로 흐뭇한 모습입니다.

마이크 앞에서 목탁을 치며 독경하는 스님의 목소리는 들을수록 청량합니다. 독경을 잘 하는 스님을 특별히 초빙한 느낌입니다. 음악은 여러 사람들의 정서를 하나로 조화시키는 역할을 합니다. 수천 명이 함께 합창하는 장엄한 독경 소리에 모두 환희심에 젖는 분위기가 연출됩니다.

1부 행사가 끝나고 점심 공양시간입니다. 해인사 공양간은 법회식장 동쪽에 위치합니다. 사람이 많이 몰리자, 두 줄로 세워 비닐봉지에 담은 주먹밥과 따뜻한 국물을 종이컵에 떠 줍니다. 공양을 담당하는 행자 스님들의 몸놀림은 잘 훈련된 군인처럼 잽싸게 움직입니다. 주먹밥을 받은 불자는 삼삼오오 모여 공양간 주변에서 밥을 먹습니다. 일부는 새순이 돋아난 큰 나무 밑에 앉기도 합니다.

어린 시절 봄 소풍가서 자연 속에서 점심 먹던 기억이 떠오릅니다. 자연과 어울린 숲속의 한가로운 공양 모습입니다. 나무뿌리에 앉은 사람, 돌을 깔고 앉은 사람, 손수건을 깔고 앉은 사람 각양각색입니다. 주먹밥과 김칫국으로 된 공양을 들면서도 누구하나 불평하는 사람 없습니다.

오후 2시부터 제2부 행사가 진행됩니다. 행사의 하이라이트는 대장경판을 머리에 이고 「화엄법계도」를 따라 도는 정대행진입니다.

정대頂戴라는 말은 일반인에겐 생소한 불교 용어입니다. 대장경판을 각자의 머리에 이고 행진하는 것을 일컫는 말입니다.

해인사에는 구강루 앞마당에 의상대사 법계도를 그린 해인도가 만들어져 있습니다. 불자들이 모두 흰 면장갑을 끼고, 대장경판을 광목으로 싸서 머리에 이고, 앞서가는 스님을 따라 법성게를 외우며 행진하는 의식입니다.

행진의 코스로 괘불대를 출발 → 탑마당 동쪽 계단 → 대적광전 서쪽 → 장경판전 보안문 → 수다라전 동쪽 → 법보전 → 수다라전 서쪽 → 학사대 → 청화당 → 범종루 → 해인도를 끝까지 돌면 정대 행진이 끝납니다.

이날 또 다른 행사는 부처님 사리친견입니다. 1500여 년 전 신라 소지왕 9년(487)에, 당시의 고승 각연覺然 스님이 경남 함양군에 장수사를 세웠다 합니다. 이 장수사가 6·25 전쟁으로 불탈 위기에 처했습니다. 그때 대웅전 탱화 속에 복장服藏된 부처님 진신사리 3과를 스님들이 가까스로 모셨답니다.

지금은 장수사 일주문만 경남 유형문화재 제54호로 지정되어 있습니다. 절은 선생으로 불타고, 그 설터만 흔적이 남아 있습니다.

구강루 앞마당 동쪽 보경당에 진신사리를 모셔 놓았습니다. 불자들이 몰려들어 줄을 서서 한참을 기다려야 차례가 다가옵니다.

쭉 늘어선 불자들의 모습을 보면서 신심을 생각합니다. 허리가 꼬부라진 노보살님, 어린 아기를 업은 젊은 부인도 줄을 섰습니다. 줄서 기다리며 한 발짝씩 전진하는 인내심이, 진신사리에 대한 존경심으로 보입니다.

해인사가 없다면 누가 이 깊은 산골까지 찾아올까 하는 생각이 듭니다. 믿음이 인간에게 정말 대단한 영향을 끼친다는 사실을 느끼는 현장입니다.

드디어 유리로 된 사리 보관함에 다다랐습니다. 스펀지 위의 영롱한 사리를 잠깐 동안 친견하였습니다. 사리는 모두 흰 빛깔로 하나는 구슬처럼 둥근데 조금 컸습니다. 나머지 두 과는 녹두알과 수수알 만한데 빛이 투명해 보입니다. 불자들이 부처님 진신사리를 친견하는 기회는 매우 소중하게 여깁니다. 부처님을 직접 친견하는 일처럼 지중한 인연이라 합니다.


1960년 영암 스님이 해인사에 주지로 계실 때, 처음으로 호국 팔만대장경 정대불사를 시작했습니다. 올해로 49회째 맞이하는 행사입니다. 이제는 종단에서도 지원하는 전국적인 대규모 법회로 발전했습니다.

수많은 인파 중에는 푸른 눈의 서양인들도 보입니다. 그들은 카메라 셔터를 누르느라 여념이 없습니다. 서양의 종교 행사에서 볼 수 없는 색다른 의식이기 때문일 것입니다. 해인사의 대장경 불사를 호기심으로 관람하는 듯이 보였습니다.

행사가 거의 마무리 단계에 접어들었습니다. 나는 대적광전에 가서 부처님께 삼배를 올렸습니다. 곧장 아랫마을 주차장으로 걸어 내려왔습니다. 차를 몰고 귀로에 오를 때, 마음은 시종일관 흐뭇합니다.

못자리를 돌보는 농부의 모습이 신록의 들녘에 한가롭게 느껴집니다. 귀로에 도로 좌우 터널을 이룬 벚꽃이 눈송이처럼 날립니다. 마치 차창 밖에서 손길을 흔드는 사람같이 정겹습니다.

오늘 호국 대장경 정대불사에 참석하기를 잘했다는 생각이 듭니다. 콧노래가 흘러나올 듯한 기분입니다. 평소 차를 운전하면서 나는 반야심경과 의상대사의 법성게를 계속 외웁니다. 오늘 해인사 법회에서 사부대중이 합창으로 천수경을 외우던 모습에서 깊은 감화를 받았습니다. 개경게를 하고 바로 신묘장구대다라니를 외웠습니다.

해인사에서 부산까지 두 시간 이상 걸립니다. 운전 중에 노래를 흥얼대듯 신묘장구대다라니를 외우니 마음이 평안합니다.

법열法悅이란 보통 의식보다 깊은 심리로, 진리를 접할 때의 기쁨이며 이 법열이 지속되는 시간이 길수록 마음이 평온해집니다. 그러면 생활에서 스트레스를 덜 받고 살 수 있습니다. 누구나 매일 보람찬 좋은 날을 맞이하면, 삶이 얼마나 흐뭇하겠습니까? 나는 이런 불자들은 올레길 걷듯이 여유 있는 삶을 누린다 생각합니다. 올레길은 자연을 벗 삼아 누구든지 쉬엄쉬엄 걸어가는 길이니까요.

# 4. 성철 스님의 산은 산이요 물은 물

계유년 늦가을, 1993년 11월 4일 오전 7시 30분. 가야산 해인사 퇴설당은 정적에 싸였습니다. 이 시대 걸출한 선승 성철性徹 스님이 사바의 인연을 접고 가부좌로 앉아 열반하였습니다. 몇 시간 후 스님의 열반이 전파를 타고 보도됩니다. 불제자들은 물론, 일반 국민들도 스님의 열반을 아쉬워합니다. 해인사로 향하는 조문 행렬 차량들이 꼬리를 물고 있다는 뉴스입니다.

7일장으로 발표한 11월 10일까지 가야산 일대의 해인사는 인산인해를 이루었습니다. 다비식이 거행된 당일에는 국내의 매스컴 보도진이 다 모였습니다. 많은 외신 기자들도 행사 실황을 자국으로 송신하기에 여념이 없었습니다.

성철 스님의 다비식 장면은 전국의 TV는 물론, 세계 곳곳으로 생생하게 보도되었습니다. 한 시대의 거장이었던 선승禪僧의 마지막은 감동의 물결이었습니다. 무소유의 청정한 삶이 빚어낸 삶의 흔적을 국민들은 TV 앞에서 생생히 보았습니다.

열반하기 22년 전, 1971년 12월 25일부터 4박 5일은 필자를 새로 태어나게 한 기간입니다. 대학생불교연합회 부산지부 제6차 해인사 홍제암 수련대회에 참석한 일입니다.

수련 마지막 날 우리는 눈이 하얗게 쌓인 백련암에 올라, 그곳에 주석하던 해인총림 방장 성철 스님을 친견하러 갔습니다. 스님이 계시는 방에 들어가 예를 올리고 법문을 청하였습니다. 가벼운 미소를 머금은 채 스님은 한동안 말이 없었습니다. 한참 우리를 침묵으로 바라보던 스님께서 말씀합니다.

불자는 모든 사람을 부처님같이 생각해야 해! 그리고 일체 만물에 감사하는 마음으로 살아야지. 나보다 남을 위해 기도하는 사람이 되어야 해! 부처님께 절도 많이 하고……

너덜너덜 바늘로 기운 덧대어진 누더기 겨울옷을 입고 있습니다. 스님의 눈은 형형한 빛을 발하여 정면으로 응시할 수 없었습니다. 우리 일행은 스님 방을 물러나면서, 스님께 기념 촬영을 간청하였습니다. 가까스로 스님을 중앙에 모시고 둘러서서 기념 촬영을 했습니다. 짧은 시간의 친견이었지만, 그 후 나는 성철 스님을 존경하게 되었습니다.

성철 스님 법문이 불교 언론이나 일반 신문에 보도됩니다. 모두 오려두고 거듭 읽으며 가슴에 새겼습니다. 불교계엔 성철 스님의 철저하고 독특한 수행이 화제가 되었습니다. 이른바 '성철 불교'의 가풍이라는 말이 생겼습니다.

성철 스님의 법명이 사회에 널리 알려진 계기가 있습니다. 1981년 대한불교 조계종 종정직을 수락하신 이후입니다. 서울 조계사 종정 추대식장에는 그 모습을 나타내지 않았습니다.

문서로 내린 "산은 산이요, 물은 물이로다."라는 법문 제목이 언론에 크게 보도되었습니다. 이 법문으로 성철 스님은 전국에 알려졌습니다. 이후 각 언론사는 초파일이나 새해가 되면 종정 스님을 찾았습니다. 대담을 나누거나 탐방 기사를 보도하곤 합니다.

이리하여 '산은 산이요 물은 물이로다'는 성철 스님의 대명사처럼 널리 알려졌습니다. '산은 산이요 물은 물이로다'라는 짤막한 법문을 살펴보고, 군더더기를 몇 마디 덧붙입니다.


산은 산이요 물은 물이로다


원각圓覺이 보조普照하니
적寂과 멸滅이 둘이 아니라.
보이는 만물萬物은 관음觀音이요
들리는 소리는 묘음妙音이라.
보고 듣는 이 밖에 진리眞理가 따로 없으니,
아아! 시회대중時會大衆은 알겠는가?
산은 산이요 물은 물이로다.


【해석】
원만한 깨달음이 널리 비치니
고요함[열반]과 사라짐[생멸]이 둘이 아니로다.

보이는 만물은 관세음보살이요,

들리는 소리마다 오묘한 이치로다.

보고 듣는 이것 밖에 따로 진리가 없으니,

아아! 여기 모인 대중들은 알겠는가?

산은 그대로 산이요,

물은 그대로 물이로다.


이 법문은 성철 스님이 평생 가르치며 강조하신 중도법문中道法門입니다. 스님의 법문을 좀더 부연 설명해 보겠습니다.


### (1) 원각이 보조하니 적과 멸이 둘이 아니라


이 말씀은 『화엄경』에 나오는 구절입니다.

'일체 만법이 나지도 않고, 없어지지도 않는(一切法不生 一切法不滅)' 진리, 곧 불생불멸不生不滅을 천명한 내용입니다. 불교에서 진리란 모든 사람들이 본래 지니고 있다 합니다. 그러나 눈으로 볼 수 없는 마음[一心]에 관한 진리입니다.

따라서 어쩔 수 없이 비유를 들어 설명할 수밖에 없습니다. 왜냐하면, 우리 마음이란 물을 마시고 싶다든지, 어디가 아픈 줄을 알 늦이 분명히 존재합니다. 그러나 마음은 눈으로 볼 수 없고 모양이 없습니다. 이런 마음을 불생불멸에 비유합니다. 바다에 수천 년 동안 파도가 일었다 사라져도, 바닷물이 늘거나 줄어들지 않습니다. 이런 사실을 생각하면 어느 정도 이해가 될 것입니다.

일었다 사라지는 파도를 사람·동물·산천초목으로 비유해 봅시다. 바람이 불면 생겼다가 고요하면 사라지는 파도가 영원히 되풀이 됩니다. 그러나 바닷물의 총량이나 물의 성질은 동일합니다. 파도가 생긴 것도 아니요, 사라진 것도 아닌 것입니다. 눈에 보이는 파도와 같이 삼라만상도 겉으로 나타났다 사라집니다. 진리의 근원에서는 생긴 것도 아니고 사라진 것도 아니라는 뜻입니다. 이러한 진리를 알려 주려고 스님은 위와 같은 구절로 말씀하신 것입니다.

## (2) 보이는 만물은 관음이요 들리는 소리는 묘음이라

중도사상을 더 구체적으로 표현한 말씀입니다. 불교의 중도中道는 결코 중간이나 중용을 뜻하는 말이 아닙니다.

중도는 시비·선악, 밝음과 어둠, 길고 짧음 같은 일체 대립을 초월합니다. 서로 모순된 대립이 완전 소멸하여 하나로 융합하는 진리를 뜻합니다. 소나무와 국화, 물고기와 날짐승, 코끼리와 다람쥐는 겉으로는 다릅니다. 삼라만상이 다른 모습을 지니고 존재하지만, 그 생명의 근원은 하나라는 의미입니다.

또한 지구의 여러 나라에서 크고 작은 강물이 모두 바다로 흘러듭니다. 바다에 이르면 모두 바닷물 짠맛 하나로 융합하는 이치와 같습니다.

이런 만상의 생성과 존재가, 관세음보살의 법신法身과 둘이 아니라는 뜻입니다. 자연의 새소리, 물소리, 바람소리, 사람의 목소리도 그 사물의 특성에 따라 다릅니다. 하지만 생명의 근원에서 빚어진 소리로 보면 다르지 않다는 의미입니다. 차별을 지닌 채 어울려 조화를 이룰 수 있습니다. 이런 원융의 세계가 바로 중도라는 진리를 짤막하게 역설하신 것입니다.


**(3) 보고 듣는 이 밖에 진리가 따로 없으니,
　　아아! 시회대중은 알겠는가?**


진리의 묘용을 설파한 내용입니다. 곧 현실 이대로가 진리의 무궁무진하고 불가사의한 작용이라 밝힌 구절입니다.

물을 얼려 여러 가지 모양의 얼음 작품을 만들었습니다. 그런 여러 모양의 근본은 물입니다. 물의 대표적인 성질은 젖는 작용입니다. 한국 물이나 인도 물이나 젖는 근본 성질은 똑 같습니다. 신라의 물도 젖었을 것이고, 고려의 물도 젖었을 것입니다. 지금의 물도 젖는 성질은 동일합니다. 따라서 물의 젖는 성질은 시간과 공간을 초월하여 작용합니다. 이러한 현상이 물의 진리입니다.

나아가 만물의 현상도 현재의 실재 이대로가 진리의 작용을 벗어나지 않았다는 뜻입니다. 여기 모인 모든 사람들[時會大衆]에게 묻습니다. 이 호칭은 수행을 재촉하여 깨달음에 대한 분발심을 촉구하는 말씀입니다.

## (4) 산은 산이요 물은 물이로다

깨달은 경지에서 본 진리와, 우리 같은 보통 사람들이 느끼는 경지 두 가지의 해석이 가능합니다.

첫째는, 우리들 눈으로 보는 산과 물이 바로 법신불의 모습이라는 뜻입니다. 스님이 깨달은 경지의 소식을 살짝 내비친 말씀입니다.

이런 경지는 일상 언어나 지식으로는 어찌할 수 없습니다. 깨달은 경지라야 고개를 끄덕이며 수긍할 수 있는 진리의 선언입니다.

둘째는, 우리는 산을 보면 단박 산인 줄 알고, 물을 보면 단박 물인 줄 압니다. 그것이 바로 우리 마음의 자성불自性佛이라는 가르침입니다. 간단히는 '산과 물을 단박 구별하는 그것이 너의 부처'라는 뜻입니다. 우리 마음을 떠나 어디서도 부처를 찾을 수 없다는 뜻을 강조하신 말씀입니다.


이렇게 부족한 대로 살펴보았습니다. 성철 스님의 '산은 산이요 물은 물이라'는 법문을 비유로 설명해 보았습니다. 간단한 법문 속에 오묘한 불교 진리가 함축된 것을 대충 짐작했을 겁니다.

불교의 핵심적인 진리는 언어와 문자로 완전히 전달할 수 없습니다. 오로지 마음으로써 마음을 전하는 이심전심以心傳心이 아니고는 방법이 없습니다. 마음이 통하지 않으면 전하려는 진리는 아득히 모릅니다. 이런 까닭에 선종에서는 그토록 깨달음을 강조합니다.

성철 스님의 깨달음과는 천만 리 밖에 있는 부족한 필자입니다.
큰스님 법문에 사족을 붙여, 허물이 크다는 점을 사무치게 참회합
니다.

# 제 8 장

# 생명의 신비

# 1. 실종 보름 만에 주인 찾은 진돗개

진돗개가 급류에 실종된 주인의 시신을, 사고 보름 만에 강물 모래 속에서 찾아냈다. 7월 28일 경북 영주시 문수면 수도리 내성천에서 박병규(41세, 부산 녹산동) 씨가 갑자기 불어난 급류에 휘말려 실종됐다. 목수인 박 씨는 근처 전통마을 보수작업 현장에서 일하기 위해 왔다가 변을 당했다. 당시 내성천은 5일 전부터 내린 폭우로 큰물을 이뤘다.

15일 영주 소방서에 따르면 박 씨가 실종된 뒤 경찰과 소방대원 등 수백 명은 일주일에 걸쳐 내성천 일대를 대대적으로 수색하다, 이후 순찰로 전환했다. 다이버들도 수차례 강 속을 뒤졌지만 불어난 물 때문에 허사였다. 시간이 지나면서 수위는 내려갔고 급류가 휩쓸고 간 자리엔 모래만 보였다. 가족들도 지쳐갔다.

그 무렵 내성천 주변을 뒤지던 병규 씨의 동생 준규(38세, 경남 진해시 용원동) 씨가 형이 애지중지 기르던 진돗개 '돌쇠'(7세 추정)를 데려오자고 제안했다. 동생의 제안에 따라 큰형 성규(43세, 부산시) 씨는 실종 보름 만인 12일 부산에서 사고 현장으로 돌쇠를 데려왔다. 성규 씨는 이날 오전 10시쯤 돌쇠의 목줄을 15m가량 길게 늘어뜨려, 사고 지점에서 천천히 강변을 훑어내려 갔다.

사고 지점에서 150m쯤 내려왔을 때였다. 돌쇠는 발목까지 차오르는 물가에 갑자기 멈춰 서서 킁킁거리며 꿈쩍하지 않았다. 큰형이 가자고 줄을 당겼지만 요지부동이었다. 순간 뭔가를 직감한 큰형은 곧바로 그 자리에 대나무를 꽂았다. 그리고 모래를 파헤치자 동생이 입었던 국방색 옷이 보였다. 곧이어 119가 달려와 시신을 인양했다.

성규 씨는 "동생이 돌쇠와 사냥을 하는 등 오랫동안 호흡을 맞춰왔다."며 "동생을 대신해 영특한 돌쇠를 계속 키우겠다."고 말했다. 인양 작업에 나섰던 영주소방서 박원종(36세, 소방교) 119 대원은 "진돗개가 주인이 묻혀 있는 곳을 단번에 찾아내는 것을 보고 정말 신기했다."고 말했다.


현대인들은 대부분 과학적 사고에 젖어 있습니다. 박 씨가 물에 휩쓸려 실종된 지가 보름이나 지났습니다. 시신이 묻힌 모래 위에 흐르는 강물이 주야로 보름이나 흘렀습니다. 그렇다면 주인의 체취도 거의 사라졌을 것입니다.

흐르는 강물 아래, 모래에 묻힌 시신을 진돗개가 찾아냈다는 사실은 기적 같은 일입니다. 개는 후각이 예민하게 발달한 동물로 알려져 있습니다. 아무리 그래도 흐르는 강물이 주인의 체취를 희석시켰을 현장입니다.

이런 기적 같은 일을 나는 돌쇠의 영감이라 생각하고 싶습니다. 돌쇠는 집에서 보름이나 모습이 보이지 않는 주인을 말없이 기다렸을 것입니다. 주인의 사랑을 받은 돌쇠가, 마지막에 주인의 시신을 찾아 은혜를 갚은 사례가 아닐까요?

영감이란 신비로운 느낌입니다. 이것은 바로 생명의 신비한 작용입니다. 동물도 영감이 있는지 알 수 없지만, 돌쇠도 생명을 지닌 존재입니다.

일체 생명이 지닌 이런 불가사의한 작용을, 불교는 불성작용이라 가르칩니다. 꾸물꾸물 움직이는 모든 생명은 불성을 지닌 존재로 봅니다. 아니, 땅 속에 뿌리박고 자라는 식물도 모두 불성을 지닌 존재로 여깁니다. 꽃이나 나뭇가지가 꺾여 시들면, 죽었다고 말하는 데서 확인할 수 있습니다. 생명과 불성은 동의어입니다.

아무리 과학이 발달해도, 어떤 재료를 사용하여 생명체를 만들어 낼 수는 없습니다. 그러므로 생명의 가치는 절대적입니다.

부처님의 가르침을 달리 '생명 사랑하는 가르침'이라 표현해도 좋습니다. 작은 개미나 커다란 코끼리의 목숨을, 생명 원천에서 동일하게 보는 안목이 불교의 가르침입니다.

그러기에 불자들이 지켜야 할 오계 가운데 첫째가 '모든 생명을 죽이지 말라'입니다. 지금도 살아있을 돌쇠가 수명을 다 누리고, 편안하게 생을 마감하기를 기원합니다.

돌쇠야, 정말 고마워!

(『중앙일보』 2008년 8월 16일)

## 2. 인간 빼닮은 돌고래 영결식

2008년 6월 27일 오후 2시쯤, 동해안의 경주 감포와 울산 정자 중간 지점에서 10km쯤 떨어진 해상. 고래 탐사에 나선 국립수산 과학원의 70t급 선박 탐구2호(책임자 안용락 박사)가 항해하고 있었다. 그때 배 앞에 검푸른 바닷물이 하얗게 변하는 모습이 포착되었다.

400여 마리의 참돌고래 떼가 자맥질을 하며 물을 튀기는 것이었다. 그런데 20여 마리의 무리는 자석에 이끌리듯 한 곳에서 떠나질 않았다. 안 박사 일행이 탄 배가 30m 앞까지 다가갔다. 몸 길이 2.5m쯤 되는 참돌고래가 허옇게 배를 뒤집은 채 꼬리지느러미만 가끔 움직일 뿐이었다. 그 고래가 수면 아래로 가라앉았다 싶으면, 다시 수면 위로 떠올리기를 반복했다.

다섯 마리의 동료 돌고래가 2~3마리씩 짝을 지어, 물에 빠진 동료를 수면 위로 밀어 올리고 있었다. 10여 마리의 다른 동료들은 그 주변을 선회했다. 한 시간 동안 같은 장면이 반복되었다. 그러더니 기진맥진하던 돌고래가 완전히 움직임을 멈췄다. 숨을 거둔 듯했다. 그러자 수면 위로 떠밀어 올리기를 반복하던 동료들이 키스하듯 죽은 고래의 입, 목덜미, 등, 배와 스치며 이별을 아쉬워하는 장면을 연출했다. 이런 모습이 10여 분간 계속됐다. 결국 죽은 돌고래는 물속으로 완전히 자취를 감췄지만, 다섯 마리의 동료들은 한동안 그 자리를 맴돌았다.

고래연구소 김장근 소장은 9월 10일 이렇게 말했다.

"일종의 참돌고래 떼의 영결식이라 할 수 있다. 추석을 맞아 귀향 준비에 바쁜 인간 세상에 동료, 가족에 대한 사랑을 일깨울 수 있을 것 같아 연구를 거쳐 공개하게 됐다."

이어 "학계에 야생 돌고래 떼의 이런 행동이 동영상과 카메라로 포착된 것은 이번이 세계 최초다. 조만간 고래학계에 정식으로 보고할 예정"이라 덧붙였다. 김 소장은 "고래는 포유류여서 3분 이상 물 속에서 나오지 못하면 익사한다."며 "죽어가는 동료가 숨이 막혀 고통 받지 않고 편안하게 영면할 수 있도록 동료들이 수면 밖으로 밀어 올려 준 것"이라고 설명했다.

참돌고래는 수명이 30~50년 된다. 평소 수백 마리에서 천여 마리씩의 큰 무리 속에, 20~30마리씩 작은 무리를 이뤄 행동하는 것으로 알려져 있다. 하지만 큰 무리 속의 작은 무리가 혈연관계인지, 단순히 나이가 비슷한 동료관계인지는 아직 밝혀지지 않았다고 한다.


살아있는 동물은 세월이 흐르면 언젠가는 죽음을 맞이합니다. 영원히 죽지 않는 동물은 지구상에 존재하지 않습니다. 고래는 끝없는 망망대해, 그 바닷속을 안방처럼 누비는 동물입니다. 고래가 죽어가는 동료를 위로한다는 보고서는 우리들에게 암시하는 바가 큽니다.

가끔 TV를 통하여 동물의 세계를 봅니다. 동물들도 새끼를 돌보는 본능적 모성애는 사람과 별 차이가 없어 보입니다. 먼 곳까지 가서 먹이를 구해다 먹이는 것을 보면 신기합니다. 수만 마리의 갈매기가 떼를 지어 날아다니는데, 어떻게 제 새끼 둥지를 정확히 찾아오는지 참으로 놀랍습니다.

수천 마리의 들소가 섞여 있어도 새끼는 어미를 잘 찾습니다. 어미 소는 제 새끼를 순식간에 알아 젖을 물립니다.

생물학은 동물이 새끼를 돌보는 것을 본능이라 합니다. 하지만 불교에서는 그런 행동을 동물이 지닌 불성으로 봅니다. 부처님은 일체중생이 불성을 지녔다고 가르칩니다. 생명체를 두고 말할 때, 불성은 생명과 동의어입니다.


우리 가정에서 기르는 가축을 봅시다. 개가 주인을 알아보고 꼬리를 치는 행동은 개가 지닌 불성의 작용입니다. 불성의 작용으로 다른 사람과 주인의 체취를 구별할 수 있습니다.

과거 농사지을 때 쟁기질을 하던 소도, 먹이를 주는 사람이 오면 누워있다 일어섭니다. 돼지우리에 누워있던 돼지도 마찬가지입니다.

울산 앞바다에서 관광객들에게 물 위에 솟구쳤다 빠져드는 동작을 연출하는 참돌고래 떼. 그 고래가 죽어가는 동료에게 아쉬운 작별을 하는 모습이 카메라에 담겼습니다. 이것은 생생한 현실입니다. 고래가 슬픔을 아는지는 알 수 없습니다. 그러나 죽어간다는 사실을 알았기에 그런 행동을 했을 것으로 생각됩니다. 죽으면 그들 곁에서 멀어진다는 것을 알았을 것 같아요.

사람에게 죽음이 있기 때문에 살아있는 현실이 너무나 중요합니다. 하루를 살아가면 하루만큼 죽음 쪽으로 다가갑니다. 이런 진리는 기분 좋은 말은 아니지만, 어찌했든 피할 수 없는 일입니다. 우리 삶의 마지막 종착지는 죽음이기 때문입니다.

불교 수행을 오래 하면, 죽음이 그렇게 두렵지 않습니다. 죽음을 그대로 받아들이고 나면, 오히려 죽음이 큰 문제가 안 됩니다. 두려워한다고 결코 피할 수 있는 일이 아닙니다.

죽음은 분명 이번 생애의 끝이지만, 다가오는 다음 생애를 믿기 때문입니다. 불교는 인간이 윤회한다는 진리를 근본으로 삼습니다. 사람은 자기가 살아서 지은 업대로 다음 생을 받는다고 가르칩니다. 불경에는 이런 구절이 있습니다.

전생의 일을 알고 싶은가? 지금 네가 처한 현실이 그것이다. 다가오는 생의 일을 알고 싶은가? 지금 그대가 짓는 행동이 내생을 결정짓는다.

이 구절은 인과응보의 진리를 알려주는 가르침입니다.

내생까지 갈 필요 없이 현실에서 증명이 가능합니다. 내가 지금 남의 물건을 훔치다 들키면 경찰서에 끌려갑니다. 남의 물건을 훔친 일을 전생으로 보면, 경찰에 잡힌 신세는 금생에 대입됩니다.

지하철 선로에 떨어진 사람을 구해 준 용감한 대학생이 있었습니다. 그는 자신의 위험을 무릅쓰고 사람을 구했습니다. 그 후에 도시철도공사에서 그 대학생에게 용감한 시민상을 주었습니다. 사람을 구한 선행이 현실이라면, 시민상을 받는 일은 내생에 대입할 수 있습니다.

참선수행을 올곧게 하여 지견이 높은 선사들은, 앞의 한 생각이 전생이요, 뒤의 한 생각이 내생이라 말합니다. 순간순간 최선을 다해 바르게 살라는 가르침입니다.

돌고래 떼가 죽어가는 동료를 아쉬워하는 모습을 통하여, 생명의 존귀함을 새삼 느꼈습니다. 일체 생명을 소중하게 여기라는 부처님의 가르침이 실감납니다.

이런 기사는 남을 해치는 사건보다 훨씬 값진 감동을 우리들에게 안겨줍니다. 죽어간 돌고래의 명복을 빕니다.

(『중앙일보』 2008년 9월 11일)

# 3. 연기로 이어진 자연의 은혜

　하나의 생명체가 태어나 삶을 누리는 데는 여러 조건이 필요합니다. 지구에 많은 생명체가 살지만 우선 인간 생존을 살펴봅니다. 한 사람이 태어나려면 반드시 부모님의 인연이 필요합니다. 이 세상 그 누구도 부모님 없이 태어날 수 없습니다. 설사 부모님의 이름과 성을 모르고 얼굴 한번 본 적이 없더라도 그러합니다. 반드시 부모 역할을 한 두 남녀가 있어야 인간의 출생이 가능합니다.

　사람이 어머니의 태중에서 출생하면, 그 생존에 가장 필수적인 요소가 공기입니다. 공기가 없다면, 모든 생명체는 한시도 생명을 유지할 수 없습니다. 그러나 다행히 우리가 사는 이 지구는 대기층을 이루고 있는 공기가 무한정으로 감싸고 있습니다. 신생아는 생명의 신비한 힘으로 자연스레 공기를 마시면서 살아갑니다. 가만히 생각해 보면 얼마나 생존에 필요한 고마운 공기인가요?

　공기 다음으로 생명의 유지에 필수적인 자연은 물입니다. 신생아가 공기로 생명을 유지하면, 그 다음엔 먹어야 생명이 자랍니다.

　태어나서 최초로 먹는 모유는 물 같은 액체이고, 모유를 대신하는 우유나 묽은 죽에서 얻은 밥물도 역시 액체입니다. 이것도 물이 없다면 얻을 수 없습니다.

　공기 중에 생명에 필요한 산소는 지구상에 광범위한 산림이 공급합니다. 산소는 지구 표면의 약 70%를 차지하는 바닷물과 강물과도 밀접한 순환관계를 맺고 있습니다. 바닷물과 강물은 태양열에 증발하고, $H_2O$로 이루어진 물은 수소와 산소로 나뉘어 대기 중에 존재합니다. 생명체는 그런 공기를 호흡하여 살고 있으니, 물의 고마움이 얼마나 큽니까?

물은 생명체의 생존뿐만 아니라, 공장의 공업용수와 사람들의 생활에 없어서는 안 되는 필수자원이지요. 농업이나 축산업에도 반드시 필요한 자원입니다.

햇볕이 뜨거운 여름철 심한 가뭄이 들었을 때, 식물들이 말라가는 모습을 우리는 흔히 보았습니다. 공기가 있고 태양열이 있어도 물이 없다면 식물도 살지 못합니다.

공기와 물 다음으로 생명체에 필요한 자연은 바로 태양입니다. 태양이 없다면 암흑천지라 우리가 살 수 없습니다. 지구의 온도가 엄청나게 낮아져 도저히 인류와 동물·식물이 생존할 수 없다는 사실이 과학자들 연구 결과입니다.

태양열로 식물은 탄소 동화작용을 하여 산소를 생성하지요. 태양열에 의하여 증발한 수증기는 공기 중 온도와 습도를 적절히 유지시킵니다. 또한 동식물의 성장에는 태양에너지가 필수적이며, 태양 없이는 인류와 동식물이 생존할 수 없다는 사실은 분명합니다.

공기와 물, 태양 외에 우리에게 없어서는 안 될 존재가 지구라는 땅입니다. 우리가 매일 먹는 음식물 중에 땅과 관계없는 것은 하나도 없습니다. 밥이나 빵은 벼나 보리 밀 같은 식물을 통해서 얻습니다. 반찬이 되는 채소나 과일, 어류와 육류 등도 모두 땅에서 생산됩니다. 저 넓은 바다도 밑바닥은 땅입니다.

우유도 젖소가 풀을 먹어야 얻을 수 있습니다. 반찬을 만들 때 필요한 소금도 바다나 땅 속에서 채취합니다.

또한 우리는 땅에 집을 세우고 자동차나 여객선 항공기 등의 교통기관을 이용합니다. 땅이 없다면 우리의 두 발을 어디에 디디고 서겠습니까?

인간을 비롯한 모든 생명체가 존재에 필수적인 공기, 물, 태양, 지구에 대하여 간단히 살폈습니다.


생명체가 살아가기 위해서는 이 외에도 여러 조건들이 필요합니다. 이렇게 생명체가 살아가는 데 필요한 자연 조건들은 상호의존 관계 속에서 존재합니다.

이런 거대한 사이클이 바로 불교에서 강조하는 연기의 세계입니다. 일찍이 부처님은 모든 삼라만상은 제 홀로 독립해서 존재할 수 없다고 가르쳤습니다. 수많은 관계 속에서 서로 도움을 주고받으며 존재한다는 연기법이라는 우주의 진리를 밝혔습니다.

오늘날 인류가 이런 연기법을 충분히 알았다면 결과가 어떠했을까요? 환경오염이나 자연 파괴가 이렇게 심각한 지경까지 이르지 않았을 것입니다.

1997년 7월 6일, 미국 우주선 패스파인더호가 화성에 도착하였습니다. 우주선이 보내 준 화성의 모습을 TV와 신문을 통하여 생생하게 볼 수 있었습니다. 사막 같은 화성 표면은 대홍수 같은 변화로 불모의 땅으로 변했을 것이라고 우주과학자들이 추정했습니다. 지구는 화성과 함께 태양계의 행성입니다.

인간이 저지른 지구의 환경오염과 자연파괴가 불러올 재앙은 상상조차 어렵습니다. 지금부터 인류는 심각한 경각심을 갖지 않을 수 없는 실정입니다. 지구온난화로 북극 얼음이 녹아 기후가 변하여, 기상이변이 일어나고 있습니다. 이런 까닭에 우주와 생명체가 서로 연관성을 지니고 생존한다는 인식을 새롭게 해야 합니다.

연기법을 배우는 불자들이 자연의 은혜에 감사하며, 지구를 살리는 일에 앞장서야 합니다. 앞으로 지구촌의 인류가 자연을 더 소중하게 이용해야 합니다.

인류가 환경오염 예방에 동참할 시기가 코앞에 다가왔습니다. 그리하여 지구의 복원력이 되살아나야 합니다. 세계인들이 쾌적한 삶을 누리는 보답을, 자연이 베풀어 준다는 희망을 안고 살아갑시다.

(『혜원정사 사보』 1999년 1월)

# 4. 살아간다는 말의 참뜻

세상 모든 생명체는 처음 태어나는 과정을 거쳐, 모양과 습성에 따라 먹이를 먹고 자랍니다. 다 크면 어미의 보호를 벗어나 독립하여 살아갑니다.

이 우주에는 헤아릴 수 없이 수많은 생명체가 살고 있으나, 수많은 생명체를 모두 설명할 수 없습니다. 먼저 사람들의 삶에 대하여 한번 생각해 보겠습니다.

부처님은 깨닫고 나서 생로병사의 네 가지 큰 고통에 대하여 가르쳤습니다. 왜 태어나는 것을 고통이라 가르쳤을까요?

진리를 터득한 부처님 안목에는, 태어난 생명체는 끝내 죽는다는 진리를 깨달았기 때문입니다. 갓 태어나면 어리지만, 세월이 흐르면 그 생명체는 점점 늙습니다. 마침내 죽음을 맞이하는 진리를 바로 알려 준 가르침입니다.

어릴 땐 모르지만, 나이 한 50~60대에 접어들면 인생이 유한하다는 사실을 실감합니다. 과거 회상도 하고, 남은 삶에 대하여 곰곰 생각하는 시간도 갖습니다.

불교 사유를 바탕으로 담담하게 삶을 생각해 보는 일도 뜻 깊은 일입니다. 사람이 하루를 산다는 의미는, 원하지 않지만 점점 죽음 쪽으로 향하는 과정입니다. 삶의 마지막 종착역은 바로 죽음이니까요.

죽음! 생각조차 싫은 마지막 관문이, 누구에게나 소리 없이 다가오고 있습니다. 나이 50대를 넘어서면, 인생이 마치 기울어가는 석양처럼 느껴집니다.

세상 사람들은 늙고 병들고 죽어가는 과정을 괴로움으로 느낍니다. 그래서 과거에 부처님이 생로병사를 네 가지 큰 고통이라 가르친 것입니다.

이렇게 보면, 살아간다는 말과 죽어간다는 말이 동의어로 귀착됩니다. 마지막 죽음에서 보면, 표현은 달라도 결국 하나로 수렴됩니다. 불교 관점에서, 살아간다는 말이 곧 죽어간다는 뜻이라는 사실을 알았습니다.

그렇다면 오늘 하루를 아무렇게나 살면 안 됩니다. 그야말로 하루의 순간순간 자기 삶을 알차게 가꾸려 노력해야 합니다. 이 목숨 다하기 전에 진리를 깨닫겠다는 분발심이 솟아나기도 합니다. 자연스레 열심히 기도하고 염불하려는 마음이 솟아납니다. 더불어 자기 맡은 일을 기쁘게 받아들이는 용기를 내기도 합니다.

근세 통도사에 선풍을 일으킨 경봉 스님은 참선하는 스님들에게 경책의 말을 합니다.

"금생에 태어나지 않은 셈치고 화두에 매달려 보라!"

이런 경책은 살았을 때, 화두를 타파하여 사성을 깨달으라는 격려입니다. 죽음이 다가온다는 분발심으로, 하루하루를 치열하게 수행하라는 가르침입니다.

불교적 안목으로 세상을 대하면, 한결 마음이 느긋해집니다. 50대인 사람이 거리에서 80대 노인을 만납니다.

'아! 저 어르신은 내 30년 후의 모습이다!'

이렇게 생각합니다. 자연히 노인을 배려하고 싶은 마음이 우러납니다. 엄마 등에 업힌 아기를 볼 때, '저 아기는 내 어릴 때 모습이구나!' 이렇게 생각하면, 아기와 엄마를 다정하게 바라볼 수 있습니다. 이처럼 사람을 호의로 대하면, 그를 보는 사람들도 마음이 한결 따사로울 것입니다.

마음이 부드러우면, 기분이 가벼워져 얼굴 표정도 밝아집니다. 내 맘이 긍정적이면, 주위를 보는 시선도 밝게 바뀝니다. 한평생 살면서, 짜증과 불평보다 보람을 느끼며 사는 사람이 더 행복하지 않겠습니까? 나와 남을 평등하게 바라보면 행복이 싹틉니다. 이어 남을 배려하는 행동으로 이어집니다.

# 5. 눈으로 볼 수 없는 진리

　사람의 눈은 밝은 곳에선 사물을 바로 볼 수 있으나, 캄캄한 어둠 속에서는 그 눈으로 사물을 제대로 볼 수 없습니다.

　우리 눈으로 사물을 보는 데 밝음이라는 조건이 따릅니다. 밝음과 어둠은 반대 개념이지만, 그 본성은 완연히 다릅니다. 밝음 영향은 매우 큰데 비해, 어둠 영향은 매우 제한적입니다.

　학교 교실 크기의 방이 지하 100m에 만들어져 있다고 가정합시다. 이 방은 그야말로 캄캄합니다. 그 교실에 전기를 끌어와 전등을 밝히면, 캄캄한 어둠은 순식간에 사라지고 밝아집니다. 캄캄한 어둠이 어디로 빠져 나갔을까요?

　밝은 교실은 어둠이 빠져나간 것이 아니라, 밝음 앞에 순식간에 어둠이 사라진 것입니다.

이로 보아 어둠은 빛이 자리를 비켜야 나타나는 현상이 확인됩니다. 이런 어둠을 불교는, 우리들의 번뇌 망상에 비유합니다. 밝음은 마음의 본바탕으로 생명 본체인 불성에 비유할 수 있습니다.

불교에서 마음 수행은 불성을 회복하면 번뇌 망상이 사라진다는 가르침입니다. 마음 불성을 밝히는 참선이나 기도나 염불은 전등불을 밝히는 이치와 같습니다. 마음을 밝히면 번뇌를 없애려 애쓰지 않아도 자연스레 사라집니다.

우리 눈은 많은 사물을 보고 식별할 수 있습니다. 그렇지만 너무 작거나 먼 곳에 있는 물체는 볼 수 없습니다. 그런 때는 현미경이나 망원경의 힘을 빌립니다.

눈이 없으면 얼마나 불편할까요? 시각장애인들의 모습에서 간접적으로 느낄 뿐입니다. 이 보배로운 눈으로 보는 것도 많지만, 볼 수 없는 것도 많습니다. 우리 주위엔 공기가 감싸고 있지만, 공기를 눈으로 볼 수 없지요. 코로 공기를 숨 쉬면서 생명을 이어갑니다. 공기보다 더 알아채기 쉬운 바람도 눈에 보이지 않습니다. 바람이 몸에 옷깃을 스칠 때나 나뭇잎 흔들리는 것을 보고 알아차립니다.

우리가 사는 공간에는 온갖 전파들이 떠돌아다닙니다. 라디오나 TV 채널을 맞추면 바로 방송이 흘러나옵니다. 이런 현상으로 전파가 있다는 사실을 알 수 있습니다. 그러나 우리 눈에 전파는 보이지 않습니다. 이같이 수많은 소리나 영상 전파들이 허공을 꽉 채우고 있습니다. 우리 눈과 귀로 보고 들을 수 없을 뿐, 그래도 전파들은 분명히 존재합니다.

뿐만 아닙니다. 태어나 목숨이 다할 때까지 활동하는 우리 생명도 눈에 보이지 않습니다. 이 세상 70억 인류 중에서 자기 생명을 눈으로 본 사람이 있을까요? 아무도 없습니다. 다른 사람의 생명도 눈으로 전혀 볼 수 없습니다.

우리가 보고 듣고 움직이는 활동은 생명 작용입니다. 다른 사람의 생명 작용은 볼 수 있지만, 정작 생명 그 자체는 눈에 안 보입니다. 21세기, 눈부신 첨단과학의 힘으로도 생명은 눈으로 볼 수 없습니다.

우리 눈에 안 보여도 존재하는 것들이 있다는 진실을 알아야, 불교를 배울 수 있습니다. 팔만대장경은 우리 마음을 다스리는 가르침입니다. 눈에 보이지 않는 마음에 대하여, 불교는 다양한 가르침을 펼칩니다. 그러기에 처음 불교를 만나는 사람들은 좀 어렵게 느낍니다.

필자도 대학생 때는, 눈에 보이는 현상만 아는 합리성에 젖어 있었습니다. 절하고 참선하면 행복해지나? 하는 의문도 들었습니다.

우리의 생명, 우리 마음은 눈에 보이지 않습니다. 자기 마음이 있다는 사실을 부정할 사람은 아무도 없습니다. 물 먹고 싶은 마음, 밥 먹고 싶은 마음을 분명히 느끼며 살아갑니다. 그런 마음을 꺼내어 남에게 보여 줄 수 없습니다. 자기 자신도 제 마음을 아무리 보려고 해도 볼 수 없습니다.

왜 그럴까요? 우리의 참마음은 모양과 크기가 없습니다. 광활한 허공처럼 무한하고 걸림 없기 때문이라 불교는 가르칩니다. 2600여 년 전, 우주의 진리를 깨달은 부처님은 우리 생명이 허공 같다고 가르쳤습니다.

마음心·불성佛性·자성自性·진여眞如 등 여러 이름 붙인 이 마음은 허공보다 더 무한합니다. 그것을 아무리 설명해도 완전히 설명할 수 없다 합니다.

눈에 안 보이는 내 마음! 이것이 불교에서 다루는 핵심 대상입니다. 마음이란 보고 듣고 숨 쉬는 생명 본체를 가리키는 말입니다. 눈에 안 보이는 이 마음이 작용을 하면, 우리 육체가 반응을 보입니다. 누구든지 슬픈 생각을 계속하면, 눈에 눈물이 글썽거립니다. 슬픈 생각은 눈에 안 보이지만, 눈물은 눈에 보입니다. 눈물은 분명히 물질입니다. 이것은 눈에 안 보이는 생각이 물질을 생성하는 보기가 됩니다.

불교에서 생각은 마음의 파도 같은 것으로 이해합니다. 생각의 저 깊은 곳에 마음이 자리 잡고 있습니다. 이로 미루어 우리는 눈에 보이지 않지만, 우주에 알 수 없는 어떤 기운의 존재를 짐작할 수 있습니다. 온갖 에너지나 전파가 존재한다는 사실을 이해하리라 믿습니다. 불교는 이런 세계를 진공묘유眞空妙有라 일컫습니다. 진공묘유는 우주 삼라만상이 그물처럼 연결된 연기의 법칙으로 존재하는 진리를 함축한 말입니다. 방대한 『화엄경』에는 우주 법계연기의 세계를 부처님이 자세히 밝혀줍니다.

제 9 장

# 언제나 가고 싶은 절

# 1. 운문사의 감동적 49재

장맛비가 세차게 쏟아지는 일요일 아침이었습니다. 청도 운문사에 고故 이인희 거사림 회장의 49재에 참석하러 버스를 탔습니다. 부산 거사림 회원들과 불교계 인사들이 몇 대의 버스로 운문사로 향합니다. 이인희 회장은 부산불교 거사림 초기부터 열성으로 모임을 이끌었던 분입니다.

매월 두 번째 주 화요일에 부전예식장에서 유명한 법사 스님을 초청하여 법회를 열었습니다. 그분 열성은 부산 불교계에 잘 알려져 있습니다.

1977년 필자는 불교학생지도위원회에 참여하여 고등학생 불자를 지도하였습니다. 10여 개가 넘는 고등학생 연합회를, 선생님 한 분씩 담당, 매주 토요일 오후에 법회를 열었습니다.

학생 불자들이 독경대회나 교리문답대회, 체육대회를 개최하는 연중행사가 진행됩니다. 행사에는 상당한 예산이 필요합니다. 이런 행사에 이인희 회장은 연합회에 재정 지원을 아끼지 않았습니다. 그 외에도 도와주는 사찰과 지도자의 찬조로 행사를 치를 수 있었습니다. 학생회 10여 개 지부에서 1,000여 명이 행사를 치를 때, 선배 동문들의 응원 열기는 참 대단하였습니다.

버스는 석남사 부근을 지나 가파른 운문재를 넘어 운문사로 내달렸습니다. 경내에 가까이 진입할 무렵에는 쏟아지던 빗줄기가 그쳤습니다. 하늘에 떠도는 비구름 사이로 가는 햇살이 숨바꼭질하듯 비칩니다.

주차장에서 버스를 내려 바로 대웅전으로 갑니다. 대웅전엔 사람들이 많이 참석하여 49재 시작을 기다리고 있었습니다.

운문사 소속 나한기도 도량인 사리암 불사는 여러 해에 걸쳐 진행되었습니다. 이 불사에 이 회장은 거액의 재정을 지원하였습니다. 큰 불사에 보시한 인연으로 운문사의 준비는 완벽하였습니다. 대웅전 가운데는 칠팔십 명의 스님들 자리에 방석을 정돈하여 놓았습니다. 규모가 큰 대웅전이지만 몰려든 인파로 빈틈이 없습니다. 부처님을 모셔둔 불단 옆에도 신도들이 빼곡하게 앉아 있습니다.

유가족이 영단 앞쪽에 앉고, 거사림 회원들은 유가족 옆에 앉았습니다. 오전 10시 범종이 은은히 울립니다.

운문사 회주 명성 스님이 대웅전에 들어서자 49재 천도의식이 시작됩니다. 49재를 집전하는 법주는 선정 스님입니다.

49재는 '관욕 – 불공 – 명성 스님 법문 – 회심곡 화청 – 정률 스님의 조가 – 시식 – 유가족 대표 인사 – 주지 스님 인사' 순서입니다. 진행 안내서를 참석자 모두에게 배부합니다.

지금까지 여러 사찰의 49재에 많이 참석하였습니다. 비구니 스님들이 수행하는 모범 도량 운문사에서 올리는 49재는 처음입니다.

부처님을 향하여 아미타불과 관음·대세지보살과 나무접인망령 인로왕보살을 모시는 거불의식을 올립니다. 이어 상단에 올리는 〈영축게〉와 보례삼보 의식을 진행합니다.

다음 대중들이 영단을 향하여 대령의식을 차례대로 진행합니다. 목탁과 요령을 번갈아 가며 올리는 의식입니다. 비구니 스님의 청아한 목소리로 경건히 진행할 때, 마음이 숙연해집니다.

고인의 사진이 안치된 영단을 향하여 관욕의식을 진행하였습니다. 거불의식을 스님이 선창하고는, 참석 대중들은 모두 자리에 앉습니다. 이어 미리 배부한 『원각경』「보안보살장」 독송을 안내합니다.

마이크로 집전하는 스님을 따라 참석 대중들이 함께 독송합니다. 이「보안보살장」은『화엄경』의「보현행원품」·『법화경』의「관세음보살보문품」같이 널리 독송하는 경전입니다. 「보안보살장」은 대승불교 구경의 경지를 설한 경전으로 알려져 있습니다. 수천 번 독송하면 마음에 힘을 얻는다고 알려진 경입니다. 특히 돌아가신 영가를 위하여 이 경을 정성껏 독송해 주면, 영가가 왕생극락한다고 전하는 경입니다.

세존께 보안보살이 보살과 말세 중생을 위해 원각을 성취하는 가르침을 청하면서 시작됩니다. 부처님은 우리 육신을 이룬 지수화풍 사대에 대해 설합니다. 목숨이 다하면 물과 불과 더운 기운과 바람으로 돌아간다고 설합니다. 안·이·비·설·신·의 6근과 6식이 환상 같다고 가르칩니다. 청정한 마음을 회복하도록 일깨우는 내용이 중심입니다. 경전 리듬을 잘 살리는 칠팔십 명 비구니 스님들과 「보안보살장」을 독송합니다. 독송 중에 마음이 한결 맑아지는 느낌입니다. 돌아가신 분 영정 앞에서 읽어드리는 공덕경입니다. 리듬에 따라 다 함께 읽는 동안 흐뭇한 마음이 이어집니다.

뒤이어 운문사 명성 스님이 법상에 오릅니다. 고인이 생시에 부처님의 가르침에 얼마나 열성을 다했는지, 그런 사례를 들려줍니다. 특히 운문사 불사에 베풀어 준 물심양면의 공덕을 칭송합니다. 그런 공덕으로 운문사 도량이 새로운 위용을 드러내게 된 법문을 합니다. 이 지중한 공덕으로 오늘 영가는 부처님 가피로 왕생극락할 것을 믿는다고 설합니다.

이어 청아한 비구니 스님 목소리로 울리는 〈회심곡〉 화청도 대중들 심금에 공명을 일으킵니다. 높고 낮게 늘어지는 구성진 가락이 애절하게 가슴을 흔듭니다. 화청이 끝나고 정률 스님이, 성악가에 손색없는 목소리로 조가를 부릅니다. 스님의 조가를 들으며 고인을 생각하니 코끝이 시큰해집니다.

절에서 49재를 올리며, 조가를 부르는 모습은 처음입니다. 마치 애잔한 영화를 보는 듯 감동이 심금을 울리는 느낌입니다. 조가 음성이 감동으로 이어져 눈시울이 뜨거워집니다. 출가하여 깨달음을 공부하는 스님이, 가신 분을 위해 부르는 소가는 삼녕을 안깁니다. 참석 대중들에게 감동의 파노라마를 던지는 분위기로 흐릅니다.

다음은 시식을 진행하는 차례입니다. 유가족이 영전에 차茶를 올리고 절을 두 번 합니다. 이어 내빈들이 영단에 차를 올리고 재배再拜합니다. 참석한 사람들이 많아 한참 동안 차를 올리는 의식이 진행됩니다. 불자로서 서로를 위하는 흐뭇한 감동으로 다가옵니다.

49재를 마무리하며, 유족 대표인 고인의 장남이 내빈들께 감사 인사를 합니다. 주지 일진 스님도 이 회장의 49재에 궂은 날씨에도 참석한 불자들에게 감사를 표합니다. 한 분도 빠짐없이 점심 공양을 하도록 안내합니다. 참석한 분은 절에서 보시하는『법화경』책을 받아 가라는 안내로 49재는 모두 마쳤습니다.

공양간에서 스님들이 정성껏 준비한 깔끔한 공양을 들었습니다. 나올 땐 두툼한『법화경』책을 일일이 나누어 줍니다.

부산으로 돌아오는 버스입니다. 사람 일생의 허망함이 새삼 가슴에 새겨집니다. 하지만 고인이 평소 쌓은 공덕은, 가신 후에도 영향을 끼치는 모습을 보았습니다. 생전에 지은 공덕으로 남은 사람들이 왕생극락을 비는 정성을 체험한 기회였습니다.

빗물에 씻긴 푸른 숲이 싱싱함을 자랑하듯 한층 상큼합니다. 옆에는 계곡 물이 물보라를 일으키며 쏟아져 내립니다.

## 2. 절이 사람을 품어야

역사가 오래 된 절은 대부분 산 속에 있습니다. 그래서 예로부터 불교를 흔히 속세를 떠난 종교라 합니다. 불교가 속세를 떠났다는 말은 절이 산 속에 있다는 뜻도 포함됩니다. 또한 속세 사람과는 다른 생활을 한다는 뜻도 있습니다. 독신으로 생활하며 육식을 금하기 때문입니다.

그러나 어떠한 종교도 진정 사회를 떠나서 존재할 수 없습니다. 특히 현대사회에선 더욱 그러합니다.

불교 언론에 의하면, 조계종단에도 커다란 변화가 일어나고 있습니다. 바로 출가자 고령화와 청년 출가자의 급격한 감소입니다. 1990년대는 1년에 500명 이상 출가했습니다. 2000년대에 들어 출가자는 1년에 200명을 조금 웃도는 정도입니다.

이렇게 최근 10여 년 사이 출가자 수는 계속 내리막길을 걸었습니다. 출가자가 줄어들면서 승가의 변화도 불가피해졌습니다. 사찰 운영이나 교육, 포교에도 적지 않은 영향을 미치게 되었습니다.

2000년에는 남녀 행자 528명이 사미·사미니 수계교육을 받았습니다. 그러나 2012년에는 남녀 행자 212명이 사미·사미니 수계교육을 받았습니다. 이렇게 10여 년 사이 절반 이하로 대폭 줄었습니다.

이런 출가자 감소는 한국불교만의 일은 아닙니다. 유럽의 성당과 교회에도 성직자가 점점 줄어든다는 보도가 있었습니다. 한국 가톨릭교회 수녀도 20년 사이에 4분의 1로 줄었다고 전합니다.

출가자가 줄어드는 가장 큰 이유는 낮은 출산율 때문입니다. 신생아가 줄어들다 보니, 자연스레 출가자도 줄어들 수밖에 없습니다. 근래 한국 신혼부부 출산율은 1.24명으로 세계 최하위권입니다. 또한 우리나라는 이미 고령화 사회로 접어들었습니다. 낮은 출산율과 고령화로 인하여 정부는 국민 복지의 패러다임을 수정하는 과정에 있습니다.

이제 우리 조계종 종단도 이런 문제에 철저히 대응하지 않을 수 없습니다. 종단은 큰 틀에서 종합계획을 수립하여 실천해야 합니다. 전국의 개별 사찰도 새로운 변화에 대응하지 않으면 안 됩니다.

절을 찾는 사람이 친절하게 느끼도록 대하는 일이 가장 중요합니다. 처음 온 사람도 자세한 안내를 읽고, 내용을 알면 관심을 갖게 마련입니다. 사람은 무엇을 알아야 관심을 가집니다. 지금까지 절에서는 이런 문제를 솔직히 예사로 여겼습니다.

미국에 유학한 사람은 친미파가 될 확률이 높습니다. 독일에 오래 살았던 사람은 독일을 선호하기 마련입니다. 이유는 그 나라에 대해 많이 알기 때문입니다. 부산 사람들이 열렬한 롯데 야구팬이 되는 이치도 비슷한 원리입니다.

불교를 오래 수행하며 느낀, 개선할 점을 몇 가지 정리해 봅니다.

첫째, 처음 일주문에 대한 간단한 설명을 안내판으로 만들어 옆에 세워야 합니다. 일주문 안을 사찰 경내라 하며, 이 문은 기둥이 한 줄로 서 있어 일주문이라 한다는 내용이면 충분합니다.

둘째, 사천왕문에는 동쪽에서 시계방향으로 북방까지 이름을 써 붙이면 좋습니다. 지국천왕·증장천왕·광목천왕·다문천왕 이름을, 해당 천왕 밑에 알루미늄 재료로 써서 고정하여 붙이면 됩니다.

셋째, 불이문不二門이 있는 절에는, 문의 의미를 간단히 밝혀 옆에 안내판을 설치해야 합니다. 불이不二는 『유마경』에도 나오는 사상입니다. 부처와 중생, 속세와 출가승이 둘이 아니라는 의미의 문입니다. 나와 너를 2분법으로 나누는 사고방식을 깨뜨리라는 문입니다. 융화와 회통으로 포용하는 문입니다.

넷째, 절의 대웅전 앞에 절 전체 건물의 배치를 그린 아크릴판을 세워야 합니다. 간단한 창건 유래와 건물 배치도를 그리면 족합니다. 그리고 화장실 위치를 꼭 표시해야 합니다. 처음 절에 와서 화장실 위치를 몰라 묻는 경우를 여러 번 경험하였습니다.

다섯째, 대웅전을 비롯하여 법당 안에 모신 불상 앞에는 부처님 이름을 붙여야 합니다. 해인사 대적광전에는 이미 불상 이름을 써

붙였습니다. 그리고 신중단에는 모신 탱화 밑에 '신중단'이라 써 붙이면 됩니다. 어떤 부처님인지 알고 하는 삼배와, 모르고 하는 삼배는 그 정성이 분명 다릅니다. 사람은 알아야 관심을 가지게 마련입니다.

여섯째, 종무소 앞에는 정기적 법회 날짜와 행사를 홍보하는 게 시판을 설치하면 좋습니다. 가능하면 월간 계획표를 붙여 두면 관심 있는 사람은 읽습니다. 보는 사람 중에 법회에 참석할 사람이 나올 수 있습니다.

일곱째, 원주 스님이나 교무 스님이 시간이 있으면, 찾아온 사람들과 차담을 나누면 사람들이 제일 좋아합니다. '원주실에 오셔서 차 한 잔 들고 가세요.' 이렇게 써 놓으면 대박을 터트릴 겁니다. 사람이 많으면 큰방에 삥 둘러앉고 스님이 중앙에 앉으면 됩니다.

현대인들은 바쁜 생활에 쫓겨 스트레스를 받으며 생활합니다. 정갈한 인상을 풍기는 스님과 마주 앉아 차 한 잔 마시는 동안에 스트레스는 사라집니다. 그때 스님은 상대를 마음 편하게 대하면 됩니다. 방문자가 묻는 말에 정성껏 응답하는 일이 가장 중요합니다. 사람들은 누구나 자기에게 관심을 보이면 기분이 좋아집니다. 특히 수행하는 스님이기에 더욱 마음 편하게 느낍니다.

이제는 절에서도 방문객을 백화점에서 고객을 대하듯 친절하게 안내해야 합니다. 모든 절에서 방문객을 위한 서비스 정신을 발휘해야 합니다. 신도든 관광객이든 가리지 말고 친절히 대해야 합니다.

절을 찾는 사람들 안내는 스님들이 직접 안 맡아도 충분합니다. 신도들을 잘 활용하면 얼마든지 가능합니다. 그러면 한국 불교의 위상이 점점 높아질 것입니다.

국보나 보물, 문화재에 대한 아크릴 안내판은 대부분 절에 설치되어 있습니다. 그러나 대웅전이 어딘지, 지장전과 관음전은, 나한전은 어딘지 절에 와서 바로 알 수 없습니다. 한자 현판이 있어도 한자를 모르는 사람에겐 역시 불편합니다.


위에 보인 내용들로 출가자가 당장 증가하지 않습니다. 그러나 불교가 사람들에게 좋은 인상을 심어주면 분명 도움이 될 것입니다. 그러면 법회에 참석하는 인원은 조금씩 증가할 가능성이 있습니다.

신도 감소는 우리나라 모든 종교에 해당되는 문제입니다. 앞으로 출가자가 현저히 줄면, 외국인이 출가하여 주지를 맡는 일도 생길 수 있습니다.

이제 출가자 중심의 사찰 운영에서 재가자를 포함한 사부대중이 지혜를 모아야 할 때가 왔습니다. 불교도들이 안이하게 대처하면, 어려움이 더 커지지 않을까 걱정입니다.

소 잃고 외양간 고친다는 속담이 떠오릅니다.

# 3. 부처님 미소 스님의 미소

인류는 유사 이래 오랜 역사를 이어오고 있습니다. 이런 역사에는 웃음도 눈물도 아울러 흘러 왔습니다. 기쁘고 즐거워 웃었고, 슬프고 괴로워 울었습니다.

불교는 2600년이 넘는 오랜 역사를 이어온 종교입니다. 이 오랜 역사에는 의미 깊은 이야기가 전해 옵니다. 부처님은 성불 후 45년 동안 쉬지 않고 제자를 가르쳤습니다.

부처님이 영취산에 머물 때입니다. 어느 날 대중에게 법을 설하던 부처님이 침묵으로 꽃 한 송이를 들어 보입니다. 대중들은 어리둥절하여 잠잠합니다. 이때 뒤쪽에 서 있던 가섭존자가 부처님을 향해 미소를 짓습니다.

이때 세존이 말씀하십니다.

나에게 정법안장·열반묘심·실상무상의 미묘한 법문이 있다. 불립문자 교외별전을 이제 마하가섭에게 부촉하노라.(『무문관』)

이때 가섭존자가 지은 웃음을 '염화미소拈華微笑'라 합니다. 부처님 가르침의 핵심을 미소로 전하는 역사적 장면입니다. 부처님 마음과 가섭존자 마음이 찰나에 통해 버린 이심전심의 미소였습니다. 전광석화와 같은 순간입니다. 순간에 부처님 가르침이 오롯이 전류처럼 전해진 회상이었습니다.

꽃이 활짝 피었을 땐 꽃의 웃음이라 할 수 있습니다. 꽃으로선 가장 아름다운 순간입니다. 부처님이 왜 웃음 끝에 진리를 전했을까 생각해 봅니다.

일반적으로 웃음은 기쁘고 행복하거나 반가울 때의 반응입니다. 이런 웃음과 가섭존자의 웃음은 마음 상태가 다릅니다. 가섭존자 웃음은 부처님이 꽃을 든 마음의 진리를 알았다는 미소이기 때문입니다.

1978년 겨울, 부산 불교신도회 수련 때입니다. 충남 서산 마애삼존불의 미소는 지금도 잊을 수 없습니다. 바위에 새겨진 부처님이 보조개가 패어 웃고 계십니다. 가운데 부처님의 미소가 더 돋보입니다. 오랜 세월 바위에 새겨진 부처님의 미소는, 수많은 사람들 마음에 환희심을 안겼을 겁니다.

이런 부처님을 조성한 장인의 솜씨는 신기神技라 하겠습니다. 백제의 미소로 불리는 부처님을 그 후 몇 차례 친견했습니다. 미소가 사람을 부른 것입니다. 서산 마애삼존불의 미소는 오늘도 찾는 사람들의 발길이 이어지게 합니다.

필자는 1970년 초 대불련 시절 법문하며 웃는 스님을 친견했습니다.

당시 조계산 송광사 방장 구산 스님이었습니다. 스님은 법상에 오르면 청중을 둘러보고 미소부터 지으십니다. 1970년대 부산불교 거사림에선 전국의 대덕 스님을 초청하여 법문을 들었습니다. 구산 스님의 미소를 접하면 마음이 한결 부드러워집니다. 스님은 차원 높은 선 법문을 아주 쉽게 설하십니다. 법문을 듣는 청중을 편안하게 하는 묘약 같은 미소였습니다.

구산 스님의 법문집 『석사자』에는 훌륭한 법문이 실렸는데, 읽으면 스님의 미소가 떠오릅니다. 스님이 부산 오면 송광사 포교당인 부곡동 보덕사에 머무십니다.

그때 대학생들이 찾아가 스님께 글씨를 부탁합니다. 미소 지은 채 붓을 들고 써 주시던 모습이 생생히 떠오릅니다. 대불련 동문 중에 그때 스님 글씨를 소장한 사람도 있습니다.

구산 스님은 1983년 열반에 들었습니다. 이 얼마나 오래 지속되는 미소 법문의 효과입니까.


경봉 스님은 근세 통도사에 큰 공덕을 남기고 열반한 선사입니다. 극락암에 주석하며 통도사 화엄산림 법회를 개설했습니다.

1970년대 매달 한 번씩 극락암에서 대중법회에 감로법을 설하신 스님입니다. 법회 날 극락암 가는 길은 차량으로 길이 막힐 정도였습니다. 부산 불교신도회와 거사림에선 20대가 넘는 버스를 전세 내어 법회에 참석합니다.

필자의 첫 법회 참석은 1977년 5월입니다. 싱그러운 녹음이 우거진 계절이었습니다. 수천 명의 불자들이 극락암 마당과 주위를 가득 메웁니다. 법당 마루에서 조금 떨어진 마당에 서서 나는 법문을 들었습니다. 시자 두 분이 양쪽에서 노스님을 모시고 법회장에 오십니다.

대중들은 삼귀의와 『반야심경』을 하고 기다립니다. 노스님이 법상에 오를 즈음, 집전 스님이 청법게를 올립니다. 그때 주지는 노스님께 삼배를 올립니다. 주장자를 어깨에 걸고 노스님이 법상에 앉으면, 죽비를 쳐 입정을 합니다. 입정 후 스님께서 주장자를 세번 치고 법문을 내립니다.

법문은 말을 가지고 하는 것도 있고, 문자를 가지고 하는 법문도 있다. 또 말과 문자를 떠나서 하는 법문도 있다. 말과 문자를 떠나서 눈만 끔쩍해도 거기에 다 법문이 있다. 그것이 진리 법문이야!

눈 깜짝하는 것도 오히려 일이 많다. 그래 목격目擊이 도존道存이라, 눈을 마주치는 거기에 도가 있다.

이 말씀을 하면서 노스님이 미소 지으십니다. 주름진 노스님 얼굴에 잔잔한 미소가 어린애 웃는 모습처럼 천진합니다. 대중들도 따라 빙그레 미소 짓습니다. 법문이 이어집니다.

밥 먹는 것이 사바세계의 장엄이다. 비빔밥을 한 그릇 해 가지고 숟가락을 척 꽂아서 하나씩 준다. 서서 먹는 사람도 있고 방에서 먹는 사람도 있다. 마루나 누각에 걸터앉아 먹는 사람도 있다.

이것이 2천 명이 모인 우리 신도회의 장엄인 줄 알아야 된다. 여기서 먹는 비빔밥은 여러 가지 나물로 비빈다. 이것이 화엄경 도리로, 잡화雜花 소식이다. 여기에 온갖 것이 다 들어있다.


그리고 잠시 말씀을 멈추어 또 미소 짓습니다. 이런 법문은 한 시간 가까이 계속됩니다. 그 후에도 나는 여러 차례 경봉 스님 법문을 들었습니다. 스님은 매번 법문하면서 몇 차례 대중을 둘러보고 빙그레 웃습니다.

경봉 스님이 열반하신 지 30년이 넘었습니다. 지금도 가끔 스님의 모습을 떠올립니다. 미소 짓던 모습이 할아버지같이 다정스레 느껴집니다. 미소는 잊히지 않는 인상으로 기억에 남습니다.


요즘 불교 TV에 종종 법문하는 고우 스님도 미소로 법문하는 분입니다. 고우 스님이 태백산 각화사 서암에 계실 때입니다. 부산불교 정진회원들이 찾아가서 밤중까지 법문을 들었습니다. 연로하신 스님께 죄송하여 우리가 스님께 주무시라 간청했습니다.

시종 미소를 지으며 막힘없이 중도 법문을 펼칩니다. 지금도 스님이 계시는 봉화 금봉암에 한 번씩 찾아갑니다. 찾아뵈면 웃음으로 맞아 금쪽같은 법문을 들려줍니다.

얼마 전 서울 조계사에서 성철 스님의 백일법문을, 고우 스님이 누구나 알기 쉽게 설했습니다. 조계사 법당이 꽉 찼습니다.

　　2006년 여름 충주 석종사 간화선 수련에서 일주일 동안 스님의 미소를 만났습니다. 116명의 수련생은 스님의 미소로 이어지는 법문을 깊이 새깁니다. 미소뿐 아니라 법문도 막힘없습니다.


　　충주 석종사 혜국 스님도 법문하면서 미소를 짓습니다. 간화선 수련 때 고우 스님이 한 시간 법문을 합니다. 혜국 스님은 법상 앞에 그림자처럼 앉아 선정에 듭니다. 한 시간 동안 꼼짝 안합니다. 대단한 선승이란 생각입니다.

　　법문하면서 가끔 웃는 모습이 마음을 편하게 합니다. 혜국 스님이 미소 지을 땐 짙은 눈썹이 퍽 인상적입니다. 스님의 인연 법문은 들을수록 마음에 와 닿습니다. 매월 첫 일요일 부산 전포동 홍제사 법회에 가면 스님 법문을 들을 수 있습니다.


　　중앙승가대학장을 역임한 종범 스님도 법문하면서 미소를 짓습니다. 스님은 부산불교 거사림 초창기부터 지금까지 법문을 이어갑니다.

　　부산에선 스님을 한국의 부루나라는 별명으로 부르기도 합니다. 불자들이 종범 스님은 경전에 대한 안목[經眼]이 열린 분이라 합니다. 스님은 특히 목소리가 곱습니다. 어려운 경전을 쉽게 설명하여 청중을 감동시킵니다. 법문 중 생활 속 예를 들면서 빙그레 웃을 땐 불자들도 미소를 짓습니다. 매달 세 번째 일요일에 통도사 서축암에 가면 스님 법문을 들을 수 있습니다.

최근 미륵반가사유상을 미국에서 전시했습니다. 미륵보살의 보일 듯 말 듯한 미소가 미국인들을 감동시켰다는 보도를 보았습니다. 서양에선 그런 미소를 볼 수 없기 때문입니다.

미소 짓는 마음의 여유는 건강에도 좋은 영향을 미칩니다. 이는 현대 정신의학이 밝힌 사실입니다. 사람의 뇌에는 30여 종의 신경전달 물질이 있습니다. 그 중 세로토닌은 마음을 안온하게 하여 평상심을 유지하는 기능을 합니다. 또한 집중력·기억력·창조성이 커져 즐겁고 행복한 기분을 느끼게 합니다.

힐리언스 선마을 촌장 이시형 박사는 정신과 전문의사입니다.

이 박사는 세로토닌의 중요성과 숲이 선물하는 피톤치드를 치료에 활용합니다. 스트레스로 인한 정신질환이나 암 환자를 힐링으로 치료해 줍니다. 암 환자들에게 "가장 근본적인 치료법은 마음가짐이다. 내 몸과 마음이 즐겁고 충실하면 암은 멀어진다."고 희망을 줍니다.

이런 주장은 마음을 다스리는 가르침인 불교와 맥을 같이 합니다. 이렇게 미소는 마음을 밝게 바꾸어 건강에도 도움을 줍니다.

예를 든 스님들 외에도 미소로 법문하는 스님이 많이 계십니다. 이와 같이 미소는 불교와 깊은 인연이 있습니다.


지금부터 스님들이 이런 미소를 포교에 활용했으면 합니다. 법문할 때 미소도 좋은 반응을 일으킵니다. 신도와 대화할 때, 차 마실 때, 신도들 절을 받을 때 스님의 미소는 편안한 선물입니다. 미소만으로 사람들 마음을 한결 순수하게 변화시킵니다. 절을 떠나며 신도가 스님께 합장 인사를 올립니다. 이때 스님이 미소로 절을 받고, 손을 흔들면 불자들은 좋아합니다.

그런 모습을 본 기억이 있습니다. 청정한 계율을 지키며 수행하는 스님을 불자들은 정성껏 존경하고 싶습니다.

불전에 축원 올릴 때, 스님이 미소를 머금고 축원하면 어떨까요. 평범한 표정보다 가벼운 미소를 띠면 스님도 기분이 좋을 겁니다. 불공하고 축원하는 집전은 상당히 힘든 일입니다. 직접 해 보지 않은 사람은 모릅니다.

염불하는 스님의 성대는 성악가보다 훨씬 많이 시용합니다. 성악가는 한 번씩 노래하지만, 스님은 매일 조석으로 불공하고 축원합니다. 성악가처럼 아주 높은 톤은 내지 않지만.


부처님께 매일 새벽 108배를 올리고 축원할 때, 나는 미소를 짓습니다. 그러면 마음이 한결 부드러워집니다. 부처님 진리는 만나기 어렵다 합니다. 그런 정법을 만나 기도하는 동안, 감사한 마음의 미소를 짓습니다.

또한 화엄성중 기도를 매일 합니다. 불법승 삼보를 지켜 감사한 마음으로 미소 지어 기도합니다. 그러면 신중님들이 참으로 소중하게 다가옵니다.

과거 부처님과 가섭존자가 진리를 전하며 나누었던 미소입니다. 우리 불자들이 능동적으로 미소 운동을 전개할 때가 되었습니다.

출산율이 너무 낮아지고 출가자가 줄어드는 시대라 더욱 절실합니다. 우리는 초저출산국이며 노령인구가 급증하는 나라입니다.

미소로 법문하고 신도를 대하는 스님이 많으면 불자들이 스님의 향기를 느낍니다. 그러면 불자들은 가고 싶은 마음으로 절을 찾으리라 생각됩니다.

# 4. 다큐 영화 '길 위에서'

2013년 5월 23일 오후 5시 10분, CGV 서면극장에 갔습니다. 제 5관 무비꼴라쥬에서 불교 다큐멘터리 한 편을 관람했습니다. 제목은 '길 위에서', 연출은 이창재 감독입니다. 이 감독은 중앙대학교 영상학과 교수로, 해외에서 더 인정받는 다큐멘터리 영화 거장입니다.

그는 출가하여 평생 수행자로 사는 비구니 스님들의 생활에 감동했답니다. 그렇게 청빈한 생활로 나를 찾아가는 수행 모습을 보여 주고 싶은 게 제작 동기라 합니다.

촬영 장소는 경북 영천 팔공산 은해사 백흥암입니다. 비구니 참선수행 도량으로 일 년에 단 두 번만 문을 연다는 백흥암입니다. 이곳에서 제작진은 10개월 동안 비구니 스님들의 일상과 진솔한 이야기를 영상에 담았습니다.

이창재 감독은 평소 위빠사나에 관심이 많았습니다. 이 감독은 3년 전 어느 날 명상센터에서 노스님을 만납니다. 평생 간화선 수행을 한 노스님은 새로운 시도를 위해 명상센터를 찾았다고 했습니다. 이 감독은 질순이 넘는 나이에 깨달음을 향한 노스님의 모습에 깊은 감명을 받았습니다. 그때 그는 우리나라 스님의 이야기를 세상에 알리고 싶다는 원願을 세웁니다.

하지만 사찰에서 촬영허가를 받는 일은 쉽지 않았습니다. 스님들은 사찰의 문을 쉽게 열지 않았기 때문입니다.

더구나 백흥암은 철저하기로 이름난 비구니 선원입니다. 이창재 감독이 일만 배 정진 끝에 가까스로 촬영 허락을 받았다고 합니다. 보조 감독과 카메라 감독이 함께 절에 들어갔습니다.

그러나 촬영은 순조롭지 못했습니다. 스님들은 카메라를 보자마자 고개를 돌리곤 했습니다. 처음 3개월 동안은 고작 18분을 촬영하는 데 그쳤습니다. 3개월이 지나고 나서야 한 스님과 첫 인터뷰를 할 수 있었습니다. 이런 우여곡절 끝에 만들어진 다큐영화입니다.

'길 위에서'는 스님들의 생사를 건 수행은 물론 스님들의 일상도 영상에 잡혔습니다. 미국에서 대학원을 마치고 교수 임용 면접을 앞둔, 엄친 딸 젊은 여성이 있었습니다. 그녀는 미국에서 가끔 젠(Zen)센터를 찾아 명상수련을 체험했습니다. 그녀는 부모님의 만류를 뿌리치고 기어이 출가를 결행합니다. 출가하여 상욱 행자라는 이름을 받습니다. 그녀의 마음은 확고한 수행 정신으로 뭉쳐 있었습니다.

그러나 처음 수행 과정은 결코 순탄하지만 않습니다. 서투르던 목탁치기도 조금씩 나아져 갑니다. 천수경의 신묘장구대다라니를 인쇄하여 불단에 붙여 놓았습니다. 아궁이 불 때며 읽어가는 모습에선 집념을 엿볼 수 있었습니다. 커다란 가마솥에 쌀을 씻어 넣고 아궁이에 땔나무로 불을 지피는 일은 신세대에겐 힘든 일입니다. 그래도 굳게 참고 견디는 모습이 애처롭고 가상하였습니다.

또 한 사람은 어릴 때 다른 절에서 자라나, 백흥암으로 동진 출가한 선우 행자입니다. 젖먹이였던 세 살 무렵 부모님을 잃고 절에서 스님들의 보살핌으로 자라게 되었습니다. 그래서 부모님의 성함을 알지 못합니다.

상욱과 선우 행자는 행자생활 도반입니다. 두 사람이 서로에게 힘이 되었습니다. 두 행자는 백흥암 행자 기간을 어렵사리 마칩니다.

수계식이 열리는 김천 직지사 입구, 상욱 행자의 어머니가 미리 기다리고 있었습니다. 어머니는 딸의 걸망을 붙잡으며 울부짖습니다. 제발 들어가지 말라는 애원입니다. 행자는 어머니 얼굴을 쳐다보지도 않고 잽싸게 절 안으로 들어갑니다.

참으로 놀라운 장면이었습니다.


순간 당나라 때, 황벽선사 어머니가 아들을 찾아왔을 때 일화가 생각납니다. 선사는 황벽산에서 수많은 대중들을 지도하는 이름난 선승입니다. 어머니가 찾아올 날짜를 미리 알고, 선사는 어머니께 물 한 방울 주지 말라고 엄명하였습니다.

그날 찾아온 어머니는 절 대중들의 홀대에 눈물을 흘립니다. 분하고 아픈 마음으로 돌아가다 강가에서 쓰러져 세상을 떠납니다. 황벽선사는 대중들과 함께 정성을 다하여 모친의 장례를 마쳤습니다. 그날 밤 선사의 꿈에 어머니가 나타납니다. 꿈속에서 어머니는 미소를 머금고 말합니다.

네가 어미 대접을 했더라면, 오랜 모자의 정으로 업보에 얽매었을 것이다. 그러나 나는 스님들의 홀대에 너와의 인연을 딱 끊고 절 문을 나섰다. 질긴 인연을 끊은 결과, 걸림 없이 지금 나는 좋은 곳으로 간다.

황벽선사가 결코 부모의 은혜를 몰라서 어머니를 홀대한 것이 아닙니다. 예로부터 출가인은 대도를 성취하는 일을 부모님께 가장 큰 효도로 여겼습니다. 자잘한 인정을 떠나 부모님 해탈을 위해 일부러 냉대한 방편이었습니다.

상욱 행자 역시 어머니 심정을 모를 리 없었겠지요. 출가에 대한 행자의 철석같은 집념이 느껴지는 순간이었습니다.

드디어 직지사에서 조계종 남녀 합동 행자 교육이 시작되었습니다. 계사戒師 스님의 법문을 듣는 경우 외에는, 남녀 행자들을 철저히 분리하여 엄격한 교육이 진행되었습니다. 수계식 직전 산문 밖에서 삼보일배를 맨땅에서 할 때입니다. 가녀린 비구니 행자들의 이마에 길바닥 모래가 땀에 엉겨 붙었습니다. 행자복에는 군데군데 땀이 배입니다.

내면의 모든 번뇌를 내려놓는 하심下心이 없으면 불가능한 수행입니다. 이렇게 힘겨운 교육과정을 모두 마쳤습니다. 이젠 장삼을 입고 가사를 수하고, 수계식장에서 비구·비구니계를 받는 의식이 시작되었습니다.

율사 스님이 내리는 계를 받을 때의 표정은 참으로 진지하였습니다. 계는 스님에게 일생을 바르게 이끌어 주는 삶의 지침이며, 불교의 생명입니다.

청정한 계율이 살아있기 때문에 불교가 수천 년을 이어올 수 있었습니다. 수계를 마치고 나서야 비로소 비구·비구니 스님으로 탄생합니다. 행자 때에 비하여 가사를 수한 스님들의 모습은 참으로 의젓해 보입니다. 백홍암의 상욱 스님과 선우 스님이 정식 스님으로 탄생한 날입니다.

계를 받고 백홍암으로 돌아온 선우 스님에게 뜻 깊은 일이 기다립니다. 은사인 무진 스님과 절 스님들이 돌아가신 부모님의 제사를 차려 주었습니다. 세 살 때 세상 떠나신 부모님 영전에, 의젓한 스님이 되어 제사를 올리며 눈이 붓도록 울었습니다. 그 장면을 보는 동안 가슴이 찡했습니다.

낙엽이 나비처럼 흩날리며 하늘도 해맑은 어느 가을날입니다. 지금까지 선우 스님은 여행 한번 해 보지 못했습니다. 선원장 영운 노스님이 선우 스님에게 만행을 제안합니다. 선우 스님은 은사와 또 한 분 스님과 셋이 만행길에 오릅니다.

함양 쪽으로 내달리는 버스 창가, 지리산을 수놓은 단풍은 가을 서정의 파노라마를 안겨줍니다. 꼬부라진 시골 도로를 밀짚모자를 쓴 세 분의 스님이 걷는 모습은 그대로 동양화였습니다. 어느 호숫가 나룻배에 올라 세 스님이 담소를 하는 모습은 한가로운 여백이었습니다.

치열한 수행을 하는 스님으로서 드물게 맛보는 여유로움입니다. 사람들이 붐비는 시골 장날, 스님들은 이방인처럼 장터를 둘러봅니다. 순박한 시골의 아낙들이 스님과 이야기를 나누는 모습에선 인정이 느껴집니다.


가을이 깊어 절에도 김장철이 다가왔습니다. 자원 봉사하러 온 보살 몇 분과 스님들은 모두 모여, 엄청난 양의 배추를 냇가에서 씻습니다. 육식을 금하는 절에서는 젓갈이 들어가지 않는 김치가 겨울철 중심 반찬입니다. 고무장갑을 낀 손으로 분주히 양념을 버무립니다. 보살이 배추김치 한 가닥을 말아 스님 입에 넣어주는 모습도 정겹습니다.

무문관에서 3년 수행을 마친 지엄 스님은 수행자로서 밥값의 중요성을 강조합니다. 절에서 밥값은 수행의 향상을 촉구하는 말입니다. 참선하여 마음을 깨닫지 못하면 부처님께 밥값을 못했다 합니다.

선원장은 그럭저럭 수행하다 생을 마치면, 염라대왕에게 밥값 추궁을 어찌할지 생각하라 일깨웁니다. 정말 나는 밥값을 했는가? 이 말은 목숨을 걸고 수행하도록 자극하는 격려입니다.

백흥암 일도 스님은 무문관 3년 수행을 무사히 마쳤습니다. 그리고 또 다시 3년 결사에 들어갈 원을 세웁니다. 선배 스님이 건강을 염려했지만, 스님의 굳은 발심을 꺾을 수 없었습니다.

서울 도봉산 천축사에 설립한 무문관은 목숨을 건 수행도량입니다. 3년 혹은 6년 수행결사를 하고 들어가면 기한 전에는 밖으로 나올 수 없습니다.

수행자가 방으로 들어가면 밖에서 열쇠를 채웁니다. 그리고 공양은 네모난 창문 구멍을 통하여 밖에서 제공합니다. 한 방에 한 사람씩 앉아서 오로지 좌선하고 방 안을 잠깐 걷다 또 좌선합니다. 화장실과 세면장도 모두 실내에 마련되어 있습니다.

보통 사람이 보면 이런 감옥이 없습니다. 교도소에도 교육이나 교화를 할 땐 재소자들이 강당에 모입니다. 노역을 할 때는 건물 안팎에서 일하기도 합니다.

그러나 무문관은 심한 병이 들거나 목숨을 마치지 않으면, 밖으로 마음대로 나올 수 없습니다. 이런 생활을 참선수행자 스스로 선택합니다. 오로지 마음을 깨닫기 위한 참선에, 목숨을 걸고 도전하는 결사제도입니다.

일도 스님이 두 번째 무문관으로 떠나는 날입니다. 백흥암 스님들은 모두 나와 무사히 마치기를 빌며 손을 흔들어 환송합니다. 연약해 보이는 비구니 스님의 결단에 저절로 머리가 숙여집니다. 그 결단은 대장부의 용기보다 더 굳세어 보입니다. 깨달음을 향한 큰 분발심이 아니면 불가능합니다.

팔공산 자락 깊은 산속 겨울. 함박눈이 펑펑 내려 천지를 하얗게 물들였습니다. 산도 나무도 기와지붕도 온통 폭설에 파묻혔습니다. 아침이 되자 백흥암 모든 스님들이 제설작업에 동원됩니다. 가래로 눈을 밀어내는 스님들 뒤에선 대빗자루로 남은 눈을 길옆으로 쓸어냅니다. 그러자 백흥암 오르는 길이 얼굴을 빼꼼 내밀었습니다. 파르라니 깎은 머리에 털모자를 쓰고, 목도리를 두른 채 눈을 치우는 모습은 동심에 젖은 아이들 같습니다.

발우공양 시간엔 마치 무성영화를 보는 듯합니다. 일절 말소리 없이 배식을 하고, 공양을 드는 수행자의 침묵과 행동을 보는 장면입니다.

하루 일정에 따른 좌선 시간이 되었습니다. 방 안에 삥 둘러앉은 스님들이 저마다 화두를 붙잡고 좌선에 몰입합니다. 자기 참마음 깨닫는 길이 어렵고 힘들지만, 나의 선택이기에 끊임없는 정진을 이어갑니다.

비구니 스님들이 집중적으로 수행하는 도량 팔공산 백흥암. 깨달음의 꽃이 만발하기를 바라는 마음으로 극장을 나섰습니다. 집으로 돌아오는 길, 양지쪽에 자리 잡은 아담한 백흥암의 모습이 눈에 아른거립니다.

출가하여 늘어진 머리칼이 잘릴 때 눈물을 글썽이던 20대 아가씨, 민재 행자의 얼굴에 겹쳐 떠오릅니다.

# 5. 해발 5,000m 히말라야 차마고도茶馬古道

 마방

2010년 4월 10일, 봄이 기지개를 켜는 날이었습니다. KBS 방송의 〈차마고도〉를 제작한 책임프로듀서 김무관 씨가 부산 두구동 홍법사에 초청되었습니다. 주지 심산 스님이 신도들을 위해 차마고도를 법당에서 상영하는 기회를 마련했습니다.

원형 법당엔 사람들이 빈틈없이 들어찼습니다. 집에서 TV를 통해 나는 몇 차례 이 프로를 본 적이 있습니다. 자연의 웅장함과 삶을 향한 인간 집념에 감화를 받은 기억으로 홍법사를 찾았습니다.

파워포인트로 대형 스크린을 통해 영상을 펼칩니다. 화면을 보면서 김 프로듀서가 설명을 곁들이는 진행입니다. 지상에서 가장 높고 험한 길, 히말라야 산맥과 좁은 길이 화면에 떴습니다. 그 길을 넘어 녹차와 말을 교역하던 길을 '차마고도'라고 합니다.

KBS 취재팀은 해발 5,000m가 넘는 히말라야의 좁은 산길을 무려 700일 농안 촬영에 투입하였다.

차마고도가 얼마나 험하고 좁은지 옛 사람들이 조로서도鳥路鼠道라 했다. 날아다니는 새와 쥐만 다닐 수 있는 길이란 뜻이다. 취재진은 차량 대신 10여 필의 말에 촬영 장비를 싣고 마방들을 따라 험한 산길을 걸었다. 6명의 취재진과 현지인 가이더 10여 명이 함께 동행했다. 거대한 산맥에 좁다란 차마고도는 실핏줄같이 가늘어 보였다.

취재진은 먼길 떠나는 마방을 찾아 헤맸다. 마침내 말 등에 물품을 실어 장사 떠나는 마방들을 만났다. 마방의 무리는 수십 명이 넘었다. 그때부터 취재진과 마방들의 오랜 동행이 시작되었다. 마방의 길은 멀고도 험하다. 초원을 가로지르고, 설산을 넘는 길이었다. 취재진은 마방보다 앞서서 뒷걸음질로 촬영하였다. 좁은 산길에 뒷걸음질로 아찔한 순간이 여러 번 보였다.

촬영하는 사람은 놀라서 뒷덜미가 서늘했을 것이다. 말과 사람이 일렬로 서서 좁은 길을 끝도 없이 걸었다. 무거운 짐을 싣고 힘들게 걷는 말들이 너무 애처로워 눈시울이 뜨거워졌다. 촬영을 마치면 취재진은 마방을 따라잡기 위해 뛰기도 했다. 사진 찍기 좋은 위치를 찾아 추월도 해야 했다. 취재진이 하도 잽싸게 움직이니까, 마방들은 취재진을 '날다람쥐'라 불렀다. 밤이 되면 초원에서 말과 사람이 짐을 내려놓고 야영을 했다.

날이 새면 말 등에 다시 무거운 짐을 실었다. 말과 사람이 앞서거니 뒤서거니 하며 끝없이 험준한 산길을 걸었다. 마방은 세 강줄기가 모여드는 강물을 만났다. 이 강을 건너야 했다. 강 위에는 약간 경사진 와이어로프가 걸쳐져 있었다.

말과 사람이 이 강을 어떻게 건널까? 말도 사람도 모두 밧줄에 매달아 건너는 마방들의 비법이 있었다. 말 다리와 등을 벨트 같은 밧줄에 묶어 말을 도르래 달린 로프에 매달았다. 순간 말은 발버둥쳤다.

말 다리는 하늘로 향하고, 몸통은 아래로 늘어졌다. 로프 아래 까마득한 깊이에 강물이 세차게 흐른다. 말 못하는 동물이지만 무서웠을 것이다. 무거운 말 몸통은 밑으로, 말 다리는 하늘을 향해 매달린 모습이 너무 안쓰러웠다. 마치 말이 공중을 나는 듯했다. 보는 사람도 아슬아슬하여 손에 땀을 쥐게 하는 장면이었다. 강을 건넌 말은 대기하고 있는 마방이 땅에 내려 밧줄을 풀어 준다.

전 세계에 하나뿐인 기막힌 도강 장면! 말이 거꾸로 하늘을 나는 신기한 장면을 KBS 카메라는 그대로 촬영하였다.

마방들은 목적지까지 며칠이고 오로지 걸을 뿐이다. 끝없이 이어진 히말라야 산맥을 따라 걷는 길, 그것이 마방의 길이었다.

낙석 사고가 잦다는 협곡을 지날 땐 아찔한 사고가 발생했다. 비틀거리던 말에 실린 짐 두 뭉치가 떨어져 아래로 굴러갔다. 마방은 짐을 쫓아 필사적으로 따라갔다. 다행히 사람도 말도 다치지 않았다. 청년 마방이 짐을 찾아 메고, 숨을 헐떡이며 올라왔다. 취재진은 그 순간 가슴이 철렁했다고 설명한다.

화면에는 아쉬운 장면도 보였다. 차마고도를 따라 도로를 내기 위해 곳곳에서 암석을 폭파하는 장면이 있었다. 차마고도에 개발의 바람이 불고 있는 현장이었다. 차마고도에 자동차가 다니기 시작하면 마방들의 운명은 어떻게 변할지 모를 일이었다. 공사현장

을 바라보는 마방들의 얼굴은 순박하면서 착잡한 눈길의 영상으
로 내 가슴에 다가왔다.


## 오체투지 순례자

KBS 취재팀 중에 순례자 촬영팀은 티베트 순례객을 찾아 헤맸
다. 찾아 나선 지 한 달이 지나, 더거 지역에서 순례를 준비하는
취재대상을 만났다. 더거 지역에서 라싸까지는 무려 2,100km의
거리라 한다. 모두 5명의 순례객들은 더거에서 라싸까지 7개월에
걸친 여정을 걸어가며 땅에 엎드려 절한다.

티베트에서 순례 허락과 일정은 활불活佛의 승낙을 받아야 가능
하다. 마침내 순례를 떠나고 취재를 하는 일을 활불이 허락하였다.
순례객도 취재진도 기쁨을 감추지 못했다. 이제 순례객과 취재진
의 길고 험한 동행 취재가 시작되었다.

세 걸음 내지 다섯 걸음마다 한 번씩 오체투지로 절을 한다. 그
리고 계속 앞으로 나아가는 순례였다. 그들의 바지 무릎과 웃옷
팔꿈치는 두꺼운 헝겊을 덧대었다. 훈련병의 각개전투 복장 같았
다. 양 손엔 유리창 닦는 걸레처럼 생긴 것을 손등에 끼웠다. 앞으
로 향한 두 팔과 이마, 가슴, 배, 두 다리를 쭉 뻗어 맨땅에 그대로
절을 한다.

만년설을 이고 있는 거대한 히말라야 산맥이다. 비탈진 산등성
을 5명의 순례객이 빙판을 따라 절을 하며 오르기 시작했다. 이들

은 한 치의 땅도 그냥 지나치지 않는다. 취재진들도 이들의 진행
속도와 맞추어야 했다.

순례객은 때론 길을 두고 산을 가로질러 넘으며 오체투지를 이
어갔다. 순례객들이 오체투지로 진행하는 동안 취재진들은 고산증
세에 시달리기도 했다. 고산증세에 특효약은 없다. 순례객들은 태
연히 절을 하며 산을 오르는데, 취재진은 고통을 참아내야 했다.
단순하면서 더딘 순례의 길, 취재진도 힘들었지만 인상적인 체험
이었을 것이다.

순례길 중 가장 높은 해발 5,400m의 미라산 기슭, 눈보라가 몰
아쳤다. 그래도 순례는 멈추지 않는다. 순례객들도 세 끼는 꼬박꼬
박 챙긴다. 그 추운 설산에서 허기진다면 오체투지는 불가능하기
때문이다.

이들이 밥 먹는 동안, 취재진은 급히 라면을 끓여 후루룩 마시고
뒤따라야 했다. 시간이 흐를수록 순례객과 취재진 사이 마음이 열
리기 시작했다. 서로 말은 통하지 않아도 마음은 통했다.

그들이 오체투지로 간절히 비는 목적은, 오로지 이웃의 안녕과
평화라 한다. 이 얼마나 숭고한 인간 정신인가. 불교와 스님에 대
한 투철한 믿음이 있어야 가능하다. 그 가르침 따라 남을 위한 기
도, 성지를 향한 집념이 순례객의 희망이요 에너지였다.

라싸 가까이 접어들자 차들이 다니고, 거리에 사람들이 보였다.
순례객들은 외부 상황에 조금도 변함없이 오로지 목적지를 향해 절
을 하며 진행한다. 오랜 순례길에 지치고 옷은 너덜너덜 해졌다. 목

적지에 도착한 그들의 검게 탄 얼굴엔 땀에 범벅된 미소가 번졌다.

한편, 라싸에서 서쪽으로 비포장길 1,500여 km, 그곳에는 베일에 싸여있던 구게 왕국이 있었다. 이곳 촬영을 위해 KBS 취재팀은 대형 크레인을 동원하였다.

구게 왕국은 높은 산 위에 세워진 요새였다. 그런 모습을 완전히 촬영하기 위해 엄청난 무게의 장비를 옮겨갔다. 서기 9세기부터 700여 년간 티베트 서부 고원에 꽃처럼 피었다가 홀연히 사라진 신비의 불교국가 구게 왕국. 그 오랜 비밀은 한국 KBS 취재팀에 의해 세상에 처음으로 공개되었다 한다.

차마고도! 자연이 내린 잎사귀, 찻잎으로 시작되었다. 중국 윈난, 쓰촨의 녹차가 마방들 고난의 행군으로 티베트로 팔려갔다. 녹차와 말을 바꾸던 아득한 과거부터의 하늘 맞닿은 교역로, 그 길이 차마고도였다.

지상에서 가장 높고 가장 험하며, 가장 먼 길 차마고도!

문명 밖의 그 길은 험하지만 아름다웠다. 문화와 종교가 흐르던 길, 차마고도는 또한 사람의 길이었다.

차마고도의 중간 지점, 윈난과 티베트 접경지대에 소금마을이 있었다. 메콩강의 상류인 란창강변에 위치한 소금마을 옌징. 철부지 아이들이 강물에 풍덩 뛰어드는 한가로운 마을이었다.

또한 이곳은 티베트 여인들의 고단한 삶의 현장이었다. 계단식 소금밭에 하루 종일 소금물을 길어 나르는 여인들이 보였다. 여인들의 땀과 눈물로 소금알갱이를 만드는 옌징마을. 5월인데도 날씨는 쌀쌀했다. 옌징마을에서 취재진은 상당한 충격을 받았다. 아침부터 저녁까지 노동으로 끝나는 고단한 여인들의 삶을 보고 나서다.

그 중 스물두 살의 아가씨 자시용종을 만났다. 순박해 보이고 눈이 해맑은 아가씨였다. 그녀는 열 살 때부터 12년 동안 소금 노동을 해왔단다. 문명 세계와 격리된 채, 오로지 바람과 햇볕과 소금물과 함께 살아왔다. 비탈에 좁다란 소금밭이 그녀가 아는 세상의 전부였다. 숙명처럼 하루에도 수십 차례 소금물통을 져 날랐다. 옌징의 소금밭, 티베트 여인의 땀과 눈물이 소금으로 빚어지고 있었다.

가장 낮은 자세로 절을 하며 순례하는 순수한 사람들도 있었다. 그러나 순례는 가장 고귀한 영혼의 길을 만들었다. 이 모든 사실을 촬영하기 위해 차마고도는 기획되었다.

700여 일에 걸친 대장정 끝에 6부작 차마고도는 마침내 탄생하였다. 이렇게 KBS 차마고도 제작팀은 세계 최초로 차마고도 전 구간을 촬영하는 데 성공했다. 마지막으로 아쉬움이 남는다.

지금 차마고도는 칭짱철도의 개통과 중국의 서부 대개발 진행으로 급속히 파괴되고 있다. 이대로 가면 아마 수년 내에 흔적도 없이 사라져 버릴지도 모른다. 어쩌면 KBS 차마고도 제작팀의 기록이 차마고도의 마지막 모습이 될지도 모른다. 이런 생각이 촬영 기간 내내 머릿속에 맴돌았다고 설명하였다.

지상에서 가장 아름다운 차마고도! 그곳에 사는 순박한 사람들의 삶과 함께 앞으로 오랫동안 이어졌으면 하는 마음입니다.

오늘 법당에서 차마고도를 관람한 신도들은 내내 감동의 연속이었습니다. 홍법사와 스님과 신도들이 감동으로 가까워진 기회였습니다. 신도들에게 생생한 영상을 제공한 심산 스님에게 감사한 마음으로 절을 나섰습니다.

잊을 수 없는 차마고도의 높고 외로운 길!

집으로 가는 어두운 밤인데도 눈에 선명하게 떠오릅니다.

# 올레 불교

초판  1쇄 인쇄 2014년 9월 25일
초판  1쇄 발행 2014년 9월 30일

**지은이**    이종군
**펴낸이**    이규만
**편 집**    김창현
**디자인**    이미연

**펴낸곳**  불교시대사
**등록일자** 1991년 3월 20일
**등록번호** 제 1-1188호
**주소**    서울시 종로구 인사동 7길 12 백상빌딩 1305호
**전화**    02-730-2500    **팩스** 02-723-5961
**이메일**   kyoon1003@hanmail.net
ⓒ 이종군 2014

**ISBN**    978-89-8002-144-4  03220